伏击涨停

（修订升级版）

黑马王子 ○ 著

清华大学出版社
北京

内 容 简 介

本书在作者20多年实战操盘与教学实践的基础上,从"伏击涨停的四大定律"入手,揭示了从"量柱形态"发现涨停基因、从"量级变化"发现涨停前兆、从"量性转化"发现涨停先机的市场规律,总结出了十八种伏击涨停的系统战法。这些战法被《证券市场红周刊》誉为"令人耳目一新的实战系统"。

本书构建了以"一个核心理念,两大系统工具,三个基本原理,四大涨停定律,十八种伏击技法"为主体的"PTALA"模型,即以伏击涨停为核心理念,以量柱量线为系统工具,以"卖在买先、价在量先、庄在散先"为基本原理,总结出四大涨停定律和十八种伏击涨停技法。

本书是一本实战指导书,并与作者的《股市天经》丛书中可操作性极强的《涨停密码》《量柱擒涨停》《量线捉涨停》相互契合,为广大的证券投资人、投资机构、基金从业者提供从理念到方法的完整体系。这种建立在证券投资实践基础上的实战体系,将有更为持久的生命力,也将更受中外投资者的青睐。

本书封面贴有清华大学出版社防伪标签,无标签者不得销售。

版权所有,侵权必究。举报:010-62782989,beiqinquan@tup.tsinghua.edu.cn。

图书在版编目(CIP)数据

伏击涨停/黑马王子著.—修订本.—北京:清华大学出版社,2020.10(2025.5重印)
(新时代・投资新趋势)
ISBN 978-7-302-55760-9

Ⅰ.①伏… Ⅱ.①黑… Ⅲ.①股票投资—基本知识 Ⅳ.① F830.91

中国版本图书馆 CIP 数据核字(2020)第 105058 号

责任编辑:刘 洋
封面设计:徐 超
版式设计:方加青
责任校对:宋玉莲
责任印制:丛怀宇

出版发行:清华大学出版社
网　　址:https://www.tup.com.cn,https://www.wqxuetang.com
地　　址:北京清华大学学研大厦A座　　　邮　编:100084
社 总 机:010-83470000　　　　　　　　邮　购:010-62786544
投稿与读者服务:010-62776969,c-service@tup.tsinghua.edu.cn
质 量 反 馈:010-62772015,zhiliang@tup.tsinghua.edu.cn

印 装 者:小森印刷(北京)有限公司
经　　销:全国新华书店
开　　本:185mm×260mm　　印 张:14.75　　插 页:1　　字 数:230千字
版　　次:2014年5月第1版　　2020年11月第2版　　印 次:2025年5月第14次印刷
定　　价:88.00元

产品编号:086846-01

黑马王子讲解"间谍战法"

全班同学赠给黑马王子及八大弟子的金牌

黑马王子讲解量学七剑横天下

黑马王子讲解量学黄金掌

黑马王子与学员交流

读者围着黑马王子签名留念

清华大学伏击涨停特训班合影

黑马王子在巴菲特曾经讲过课的拉登堡礼堂讲课

北大博雅伏击涨停特训班全体师生合影留念

量学理论的七大贡献

——股海明灯论坛"股市探秘"课题组

2009年以前的全球股市传统理论都是"价学",属于"以价论价"的"线型思维",违背了逻辑学上"不能用A来证明A"的基本法则,因此不能正确预测股市。然而,绝大多数的市场分析人士却不厌其烦地、日复一日地玩着"用价格研判价格"的"价学"游戏,他们中的佼佼者玩得似乎更高级一些,试图采用"以价格为变量的各种指标"来预测价格走势,尽管花样有所不同,但最终结果却别无二致!

2009年"量学"问世,它摆脱了"以价论价"的"价学"桎梏,在"以量论价"的"立体思维"中,发现了"三先规律"和"三不定律",从而揭示了股市内在的动态平衡规律,构建了"量柱选股、量线选价、量波选时"的"三维互动"看盘操盘系统,形成了一个独立的科学体系,实现了"不管指标、不管消息、不管行情",人人可以准确乃至精确预测股市的惊人效果。

被市场知名人士誉为"股市四大名著"的《量柱擒涨停》《量线捉涨停》《伏击涨停》和《涨停密码》,构成了一套完整的量学理论体系和实战交易系统。认为它是一套完整的科学体系的依据是,它揭示了股票市场运行的内在规律。具体说来,量学有如下七大贡献。

一、量柱分类的历史贡献

最早把成交量引入技术分析的是约翰·迈吉先生,"交易量和趋势并行"被视为技术分析三原则之一。迈吉先生发现了"量"是影响"价"的最关键变量(本质是价量的关联性),这也是国内外技术分析软件主窗口都记录量柱的起因。遗憾的是,迈吉先生对和趋势并行的"量"只做了定性的初级分析,没有找到"量变引起质变"的内在规律。

据我们所知，国内很多人对量柱结构的研究并不比王子老师晚，然而他们一直未研究透彻，甚至还把量价关系搅得一塌糊涂。只有王子老师对量柱进行了"完全分类"，将形状万千的量柱归纳为"高低平倍梯缩金"七种形态，这可称之为重大发现！

熟悉数学原理的股友们应该知道"完全分类"的意义，事实上对量柱的完全分类为量柱结构的研究指明了方向。量柱结构和价柱结构的结合，使得技术分析上升到另一种境界。近几年股海明灯论坛根据量柱结构创立了那么多极其简单、极其精准的实战技法，客观地讲王子老师功不可没。

二、量线生根的重大创举

王子老师提出的量线概念是一个比较大的话题。罗伯特·爱德华兹先生在《股市趋势技术分析》中提到："每一条横线代表一个特定的价格水平……"显然，他发现了一些新的内容，但又不能确定是什么。人们总是试图从股价的历史走势中发现些什么，看看能否正确预测股价的未来走势。通过对大量数据的统计分析，人们似乎发现了不少"有意义"的模式和形态类型。很遗憾，人们这些新发现有时灵有时又不灵，显然不灵的时候更多一些，确实不太让人放心。原因在于，这些内容大部分不能表征股价运行的内在规律，因为他们的研究只是停留在"价"的层面。

王子老师的"量线体系"完全冲破了传统"画线理论"的范畴，是从"量"的角度来衡量"线"的意义，提出了"由关键量柱生长出来的才是量线"的重要定义，进而发现了比"平衡线"更有价值的"斜衡线"；同时，在平衡线和斜衡线的结合上，提出了股市结构力学和股市流体力学的重要观点，并多次在A股走势的重要高点和重要低点进行盘前预报，取得了令人惊叹的精准效果。

王子老师是第一个真正意义上把量线体系引入技术分析并用于实战的人。股价从某一个低点A运行到某一个高点B，在从A到B的运行过程中，股价实际上处于一种随机状态，所以经常会有一些莫名其妙的起伏。但是，A点、B点（拐点）的形成并不是随机的，某些位置是它们出现的大概率位置，这些位置经常出现在重要的量柱上！如果说股价走势的历史对当下有什么影响的话，那就体现在量线上。

重要的量线体系不仅对股价的当下有影响，甚至还会影响到股价未来的走势。这是股价走势内在规律的外在表现，它们的属性就是对股价运行起着阻挡和支撑的作用。王子老师强调量线的选取要根据股价走势的结构点,并用量柱结构予以佐证。这是王子老师的又一重大贡献。

三、战略战术的完美结合

凡是系统学习过量学理论的同学都知道,量学的一系列操盘术语朗朗上口、韵味无穷,例如"高量不破,逢低入货""三低三有,顺手牵牛",但很少有人知道,王子老师独创的这些实战操盘术语,往往都是从"战略"高度找到的"战术"入口。

先看"高量不破,逢低入货"。这个"高量"特指"百日高量",王子称之为主力的"战略堡垒",其"战略堡垒不破",我们就可以展开"战术进攻"。2019年12月17日北大量学特训班和量学基训班发出的涨停红包雨中,捷荣技术、耐威科技、联建光电、万通智控、漫步者、飞亚达等,都是战略与战术完美结合的涨停杰作。

再看"三低三有,顺手牵牛"。"三低",就是"低位、低量、低估"。"低量"特指"百日低量"。大家看看,符合这三个标准的股票是不是"战略底部",是不是值得"战略建仓"?但是,仅有这"三低"还不行,还要具备"三有"的"战术机遇",即"有底、有王、有阶"。王子老师在2019年12月13日盘前预报的"南京证券",在底部找到双平衡,这是"有底";同时,它在底部藏有三张王牌,这是"有王";最后,这3张王牌形成了抬高的台阶,这是"有阶"(详见王子老师在2019年12月13日周五收评中详细讲解的南京证券走势图中的标注)。这样的股票,既是"战略底部"又是"战术入口",已是"箭在弦上",不得不发,一发就是三连板(至本文截稿日2019年12月17日周二)。

四、立体看盘的革故鼎新

一个多世纪以来,很少有其他的人类活动像证券交易那样,有如此多的精英,他们从多个角度研究,试图发现一种能在证券市场盈利的方法。然而,无论专业人士还是一般交易者,绝大多数均以失败告终。究其原因,是他们所有的研究均停留在"以价格研判价格"的"价学"线型思维上,以这种错误的方法,试图预测出正确的走势,其结果可想而知。

王子老师的"量学"理论,创造了以量柱为基础,以"量价阴阳真假虚实"八个要素互渗互动的"四维立体看盘法",仅此一招就比国内外的大多数相关著作(其实国内能称之为著作的原创作品真是不多)棋高一着。例如:

"价学"都是以发明人发明的线条来看盘选股,类似于"守株待兔";"量学"则是以操盘人的行为轨迹来看盘选股,类似于"顺藤摸瓜"。

传统理论的看盘方法,只看价柱,是单向思维;量学理论的看盘方法,量价结合,是立体思维。仅仅这种"立体看盘"方法,就比价学的看盘效率提高了一倍。

所以,我们用量学能看到的,用价学根本看不到。因为我们的量学是侦察兵。这大概也是使用量学原理操盘的股友们,在实战中屡创佳绩的主要原因:使用正确的工具和正确的方法,并使其功能最大化,实盘操作中大概没有比"量学"更有效的了。

五、实战操盘的量化标准

人类的思想很奇妙,总是把唾手可取的好东西视为平常,却不知最平常的东西往往是最有价值的宝贝。更有甚者把不懂的东西认为是错误的、不可能的。这尤其是国人思维的重大缺失。请大家记住古希腊哲学家巴门尼德的一句话:"你不能知道什么是不存在的……"

技术分析最主要的功能就是分类。在证券交易市场中,首要的分类是对股票的分类,即可做的和不可做的。如果您非要玩儿不可做的股票,那结果只能以失败而终。要分类就必须有标准,标准的设置和资金量的大小以及操作者的性格有很大关系。

根据A股市场的特点,大家都知道"跟庄操作",但王子老师强调的是"选庄操作"。国人神化了庄的能力,实际上失败的庄家比率一点也不比散户低,甚至"越大的资金死得越快"。因此,庄是不能随便跟的,跟着一个自命不保的"瘟庄",后果可想而知。

怎样跟庄?跟就要跟有实力有能力会赚钱的庄。对各种庄的分类标准就是王子老师首创的"黄金线"。他用黄金线作为标杆,将庄家回踩黄金线的位置精细地切分为"强庄""精庄""狡庄""愣庄""稳庄"等,然后要求投资者根据自身能力和性格选择合适的庄家进行"操作"。许多读者试用后,都说此法"精妙!有标杆,有标尺,有标准!量化到位,一用就灵!"

从量化视角看,我们可能确实低估了量学理论对股票市场实战的贡献。

六、理论层次的三性统一

现代市场技术分析的发展有几个显著的特点，就此我们看看量学理论达到了哪个层次。

1. 实战性。现代技术分析理论无一例外地强调实战功能，也就是说，你的理论必须能够实现从"道"的层次向"术"的层次的"物化"。通俗地讲，就是要求你的每一个技术规则必须能形成有效的决策点。实话实说，国内外目前的传统技术根本无法实现上述要求，只有量学实现了。例如，量学的"高量不破，后市必火"八个字，揭示了"只要主力的战略堡垒百日高量不破，我们就能趁机战术介入"的奥秘。仅用八个字，战略与战术融合，战术与战略贯通，实现了"道"的层次向"术"的层次的完美"物化"。仅此一招，就能将牛股几乎一网打尽。量学理论的实战性，已被相当多的市场人士认可，客观地讲，就实战性而言，目前国内外无一出于其右。

2. 连续性。现代技术分析强调，一种技术要能实现对价格运动的总体性观察和时间上的连续性观察，以尽可能地实现对其运动轨迹的真实描述。王子老师量线概念的提出较完美地实现了这一功能，只是很多人没有意识到而已。可能有人会提出，早年美国人用的"X—线"就是最早的量线。错！"X—线"只是单一的一根描述"价格"的强阻力线，不具备对市场的连续观察功能。而王子老师的由量柱生根的平衡线和斜衡线交叉互动原理，不但可以精准刻画任何一只股票的长期走势和短期进出节点，而且能够将战略规划和战术计划精准刻画出来。这种战略与战术的完美呈现，常常令人拍案叫绝！

3. 独创性。要想在精英辈出的技术分析领域搞点创新，绝非易事！因为这些精英已创造了成千上万种技术指标，虽然这些技术指标都停留在"价格层面"，无法揭示股市的真正规律；而王子老师跳出了"价格层面"，从"量变引起质变"的哲学高度，在"量线生根"的层面发明了"斜衡线""黄金线""精准线""太极线"等，并且这些发明具有重要的实战价值，对此必须给予充分的肯定。

就此三点，足以奠定量学理论在国内外技术分析领域的重要地位。

七、伏击涨停的科学规律

量柱结构分析、价柱结构分析和量线结构分析是量学理论的三块基石，在它们的基础上产生了丰富多彩的擒拿涨停实战技法。"量学四大名著"是量学理论的精华，也是用量学理论指导实战的宝典。

量学的十二字令"阳胜进，阴胜出。小倍阳，大胆入"，看似简单，但却蕴含着深邃的股市哲学思想，概括了量学经典的实战技巧，是一个纲领性的东西。但是，下降途中的第一个阳胜，能进吗？不能！因为"位置决定性质"的量学看盘法则告诉我们，不能进！进一步来看，第一个小倍阳往往是试探，第二个小倍阳往往是试攻，第三个小倍阳往往是主攻，而且，这三者的顶部应该逐步抬高，我们在第二、第三个倍阳介入才能比较稳妥。

学习量学的一个突出感受就是：它的主流战法是用最通俗的语言、最生动的形象来阐述最经典的市场原理，将严谨刻板的市场原理变得鲜活起来，变得容易接受且易于执行。例如，王子老师把主力或庄家的试探、试攻、主攻三个节奏，形象比喻为刹车、换挡、加油，一看就懂，一用就灵。

关于"伏击涨停"，有些人对王子老师的这个提法不认同，认为有误导读者之嫌。我们认为伏击涨停是有规律的，通过概率分析，量学确实具有说这种话的"底气"。我们做过有关涨停板的数据统计分析，以 A 股市场为例，取任意一个年度的涨停板样本，随机出现涨停板的概率是 0.52%；平均一只个股出现一次涨停的周期长达 190 余天。而量学的主流战法，在一个交易周内伏击涨停的平均成功概率接近 30%。当然，随着取样方法的不同，结果也会有差异。也就是说，量学的主流战法大致比随机涨停的概率提高了两个数量级！二者换算一下，也就是提高了将近 60 倍！不知把这个称为"底气"是否合适？

大家都知道，在市场交易活动中根本就没有百战百胜的实战技法，不同战法的区别在于成功概率的高低。但是，几次实战的失败不等于一种理论的失败。量学理论肯定还要继续发展与完善，但它的基础理论是科学的，这也为股友们多年的实践活动所证实。

股海明灯论坛（www.178448.com）的股友们大概都清楚，要想在市场中实现长期稳定获利，必须占有某种"优势"。那么，如何才能增强您在市场中的优势地位呢？

建议你按照《量柱擒涨停》→《量线捉涨停》→《伏击涨停》→《涨停密码》顺序精读王子老师的"股市四大名著"，这是一条比较简洁可行之路。这几本书值得一读，值得细读，值得深读，更值得练习与实践。

伏击涨停的不懈追求

——《证券市场红周刊》执行主编　林　中

非常高兴看到黑马王子的"伏击涨停十八法"结集出版，也非常荣幸能为本书作序。

本书源自黑马王子2012年2—11月在《证券市场红周刊》（以下简称《红周刊》）的"伏击涨停十八法"系列专题。这个结集，是中外证券交易史上唯一敢于采用"边实践、边写作、边验证"的理论与实践相结合的投资著作。

黑马王子引起我们的关注是因为他的《量柱擒涨停》和《量线捉涨停》两本书，他独创的量柱、价柱、量线理论独树一帜，我们也认为非常有必要为读者介绍他的研究成果。尽管他工作很忙，但还是欣然应允撰写系列专题文章。

在系列文章第一期的前言中我们曾介绍："追击涨停是A股市场中'涨停敢死队'通用的手法，但更有前瞻性地伏击涨停，提前介入，守候涨停，则是'涨停特战队'的战法。"黑马王子一直致力于这方面的努力，并从他独创的量柱入手完成伏击涨停（1～5日）甚至批量涨停，显现出量学理论的威力。

在这个专题中，黑马王子对量柱、价柱、量线理论做了最精练的总结和深化，并结合2012年股票市场上最新的、最近的案例，把伏击涨停的基础知识、系列方法技巧等传达给广大投资者。

伏击涨停是一门学问，也是一门科学，更是一门艺术，只有热爱它的人，懂它的人才能做到。在与黑马王子接触的日子里，我有如下几点感触。

第一，黑马王子有独特的视角。对传统的量价，也有不少人在做研究，但像黑马王子这样能够把量柱、价柱、量线提高到新的理论层面，并特别对量柱进行量化研究总结并饱有心得者却屈指可数。黑马王子的量学理论为投资者研究股票、牛股、股市提供了一条崭新的思路。

第二，黑马王子提出要快乐投资、快乐赚钱。黑马王子说过，"伏击涨停"不是为了"赚钱"，而是为了找"乐趣"，是在人人提心吊胆的股票市场找到一片属于你的"乐土"。这就是伏击涨停的"灵魂"。这点很重要。

第三，黑马王子提出人人参与伏击涨停。从 2007 年 1 月至今，黑马王子通过股海明灯论坛连续十年发布盘前预报和涨停趋势预报，被誉为"涨停趋势预报第一人"，他在伏击涨停方面取得的成绩令人惊叹。同时，这是一个开放性的论坛，该论坛提出网友们参与"伏击涨停的浪潮"，众多同道者和伏击涨停特训班的学员们积极参加，交流成功经验和失败教训。这点也非常重要。一个好的方法必然是让投资者可以学习和使用的，而投资者的广泛参与又可以不断深化方法并作用于实践之中形成良性循环。

第四，黑马王子具有严谨的研究态度。每期的文章，黑马王子都付出了很大的心血。有时，在文章定稿后他还要再修改其中的细节。只有追求卓越的人才能获得卓越的成就。

另外，黑马王子提倡把复杂的东西简单化，他的文章通俗易懂。如他把量柱、价柱的核心理念总结为 12 个字："阳胜进，阴胜出。小倍阳，大胆入。"这样就非常便于投资者理解。

"伏击涨停十八法"系列专题在《红周刊》刊登时有所删改，而本次结集出版的内容则是作者原文的呈现。希望黑马王子提出的理念和方法对投资者有不同程度的启迪，进而能丰富自己的操作体系。

在本书第 19 章"伏击涨停的灵魂"中黑马王子对投资者建言："伏击涨停"是一种理念，一种向往，一种追求。我们要摆正心态，平平常常地对待涨停，扎扎实实地学习技术，总有一天，你能走向成功，到达胜利的彼岸。

祝愿大家都能有好的收获。

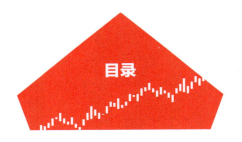

第一单元　基本原理

第1章　伏击涨停的奥秘——涨停有规律 ······ 2
　第一节　第一定律：凡是涨停板，必是人为的 ······ 2
　第二节　第二定律：凡是人为的，必然有踪迹 ······ 3
　第三节　第三定律：凡是有踪迹，必然有规律 ······ 5
　第四节　第四定律：凡是有规律，必然可复制 ······ 7

第2章　伏击涨停的诀窍——跟着规律走 ······ 11
　第一节　换种眼光看，变个手法做 ······ 11
　第二节　跟着强者走，勤奋出高手 ······ 14
　第三节　跟着规律走，实践出高手 ······ 15
　第四节　跟着前者走，总结出高手 ······ 18

第3章　伏击涨停的基础——攻防三字经 ······ 20
　第一节　最基本的"两种柱" ······ 20
　第二节　最核心的"三句话" ······ 22
　第三节　最精彩的"临界点" ······ 26
　第四节　最狡猾的"阴阳柱" ······ 28

第4章　伏击涨停的工具——测市七标杆 ······ 31
　第一节　量柱的形态及规律 ······ 31
　第二节　逃顶与抄底的标杆 ······ 33

第三节	蓄势与爆发的标杆	36
第四节	顺势与逆势的标杆	38
第五节	量柱与量群的魅力	40

第5章 伏击涨停的标尺——测庄七穴位 … 42

第一节	量柱的刻度及其测市测庄的规律	42
第二节	"量柱3121标尺"的标准和用法	43
第三节	"价柱3121标尺"的标准和用法	45
第四节	"量价3121标尺"的标准和用法	47
第五节	"量学3121标尺"的全天候功能	48

第6章 伏击涨停的法宝——股市三规律 … 51

第一节	量柱的三大特性	51
第二节	神奇的股市密探	52
第三节	神奇的操盘密码	54
第四节	神奇的暗箱密钥	55
第五节	"三先规律"的运用	59

第7章 伏击涨停的眼光——股市探宝仪 … 63

第一节	"眼光"的"透视性"	63
第二节	"眼光"的"折射性"	64
第三节	"眼光"的"双向性"	66
第四节	"眼光"的"继承性"	68
第五节	"眼光"的"自闭性"	70

第8章 伏击涨停的王牌——涨停起搏器 … 73

第一节	黄金柱生成的基本原则	74
第二节	黄金柱基柱的选定标准	76
第三节	黄金柱生死的认定标准	78
第四节	将军柱的"双线认定"	79
第五节	将军柱的"卧底战法"	81
第六节	将军柱的"搭梯战法"	82

第9章　伏击涨停的天牌——涨停伏击圈 ... 85

第一节　元帅柱的认定标准 ... 85

第二节　元帅柱的生死存亡 ... 87

第三节　元帅柱与"零号战法" ... 89

第四节　零号战法的实战案例 ... 92

第二单元　基本战法

第10章　伏击涨停的跳板——金线战法三要点 ... 98

第一节　金线战法的画线（顺势画线） ... 98

第二节　对付强庄的战法（强庄踩顶） ... 100

第三节　对付精庄的金线战法（精庄踩腰） ... 102

第四节　对付狡庄的战法（狡庄踩脚） ... 104

第11章　伏击涨停的核心——金线战法三步曲 ... 109

第一节　金线战法的基础：找准黄金柱 ... 109

第二节　金线战法的核心：跟着主力走 ... 111

第三节　金线战法的灵魂：用活黄金线 ... 114

第12章　伏击涨停的杠杆——黄金双线战法 ... 117

第一节　"黄金双线"的基本原理 ... 117

第二节　"黄金双线"的设置秘诀 ... 118

第三节　"黄金双线"的灵活应用 ... 121

第13章　伏击涨停的阶梯——黄金十字战法 ... 125

第一节　什么是"黄金十字" ... 125

第二节　如何寻找"黄金十字" ... 126

第三节　如何应用"黄金十字" ... 128

第四节　如何修正"黄金十字" ... 129

第五节　实战确认"黄金十字" ... 130

第14章　伏击涨停的标杆——大盘阴线战法 ... 135

第一节　"阴线战法"的原理 ... 135

第二节 "大阴实顶"的奥秘 ································ 137
第三节 "大阴中线"的奥秘 ································ 139
第四节 "阴线战法"的要点 ································ 141

第15章　伏击涨停的暗号——长阴短柱战法
第一节 "长阴短柱"的基本原理 ···························· 144
第二节 "长阴短柱"的涨停密码 ···························· 147
第三节 "长阴短柱"的经典战法 ···························· 150

第16章　伏击涨停的抓手——一剑封喉战法
第一节 "一剑封喉"的原理 ································ 153
第二节 "一剑封喉"三要素 ································ 154
第三节 "一剑封喉"四注意 ································ 156
第四节 "一剑封喉"测涨幅 ································ 160

第17章　伏击涨停的先兆——倍量伸缩战法
第一节 "倍量伸缩"的基本特征 ···························· 162
第二节 "倍量伸缩"的伏击位置 ···························· 164
第三节 "倍量伸缩"的涨停密码 ···························· 165
第四节 "倍量伸缩"的启动迹象 ···························· 167
第五节 "倍量伸缩"的位置悖论 ···························· 169

第18章　伏击涨停的契机——现场直憋战法
第一节 "现场直憋"的基本特征 ···························· 172
第二节 "现场直憋"的市场机制 ···························· 174
第三节 "现场解憋"的介入时机 ···························· 176
第四节 "现场直憋"的奇数战法 ···························· 179

第19章　伏击涨停的灵魂——乐道而忘我
第一节 与强为伍，追求最高目标 ···························· 182
第二节 取法其上，追求最好技术 ···························· 184
第三节 悟道忘我，追求最佳境界 ···························· 186

第 20 章　伏击涨停的眼力——股市掘宝机 ················· 190
第一节　提高眼光的效力（静态分析法） ················· 190
第二节　提升眼光的活力（动态分析法） ················· 193
第三节　提振眼光的潜力（规律分析法） ················· 196
第四节　综合实战案例 ························· 200

后记 1　震撼心灵的五天四夜
　　　　——清华大学"伏击涨停特训班"现场纪实 ············· 204

后记 2　破除迷信　解放思想　天天进步
　　　　——在"量学伏击涨停特训班学员演讲周"开幕式上的讲话 ······· 208

后记 3　十全大补精气神！ ······················ 216

第1章
伏击涨停的奥秘
——涨停有规律

对于"涨停板"这个"香饽饽",目前市场上有两大流派:一派是"涨停敢死队"的"追击涨停",一派是"涨停特战队"的"伏击涨停"。

所谓"涨停敢死队","敢死"二字是他们"追击涨停"的核心理念,即为了追求涨停板,宁可死去,也要冒险(等于赌博)。因为已有"敢死"二字垫底,即便战死了,人们认为那也是合情合理的。

所谓"涨停特战队","特战"二字是量学"伏击涨停"的核心理念,即运用特殊的战法,提前介入,守候涨停(就是伏击)。因为没有"敢死"二字垫底,即便涨停了,人们认为那也是悖情悖理的。

于是,互联网上对于"伏击涨停"争议颇大,有人认为是"噱头",有人认为是"作秀",还有人认为是"吹牛",最"友善"的认知也只是"瞎猫逮着死耗子"。说到底,人们认为"伏击涨停"是不可能的事。

这种看起来"不可能"的事,却有它"必然可能"的"四大定律"。

第一节 第一定律:凡是涨停板,必是人为的

这个"第一定律"是人人皆知的真理,是"伏击涨停"的前提。

任何一只股票的涨停都不是天上掉下来的,也不是地上冒出来的,都是股票背后的人炒作起来的,没有人为炒作,也就没有股票的涨停。因此,伏击涨停的第一定律就是"凡是涨停板,必是人为的"。

下面以图1-1为例来进行说明。

图1-1　福建南纸 2013 年 3 月 22 日留影

这是一只每股亏损 0.47 元的纸业股,流通盘 7.21 亿,无论从基本面还是政策面、消息面还是心理面看,它都没有涨停的可能,可它从 G 点到 L 点,短短 8 天时间,却爆发了 4 个涨停板。这 4 个涨停板都是谁干的?肯定是人为的。

我们在 G 点的次日预报了这只股票,成功伏击了 3 个涨停板。

为什么能伏击涨停呢?原因非常简单,就是依据下面的第二定律。

第二节　第二定律:凡是人为的,必然有踪迹

这个"第二定律"是古今侦探学的核心,也是量学"伏击涨停"的核心。

只要是人为的事,必然会留下人的痕迹;根据其留下的痕迹,一定可以找到他"作案"的方法和手段。从这种意义上讲,"伏击涨停板=警察抓小偷"。

图 1-1 中,从 A 柱到 G 柱,阳多阴少,阳强阴弱,其中,F 柱的脚踩着 D 柱的顶,形成顶底互换态势,好像两个小偷,一个踩着另一个的头,有向上攀升的企图,但

动作很小,很隐蔽;G 柱突然发力上攻,就是小偷"出手"。警察抓小偷的绝招就是发现小偷、观察小偷,在他"出手拿货"时将其擒获,并且要做到"人赃俱获"。我们在 G 柱次日伏击它,从第三天开始连获 3 个涨停板,就很好理解了。

下面再来看图 1-2 所示案例。

图 1-2 五矿稀土 2013 年 7 月 5 日留影

该股从 F 柱下跌到 G 柱,连续下跌了 20 天,从理论上讲,这 20 天的连绵下跌应该"跌到位"了,可是 G 柱却突然发力猛烈下跌,G 柱的次日 G1 柱又跳空下跌,形成了"长阴加长腿"的形态。量学基本原理告诉我们,长期下跌后的长阴,一般都是故意打压的,一旦形成"长阴加长腿"的组合,就是"下跌已到位"的重要标志。这个 G1 柱是个假阳真阴,又是底部高量柱,高量柱的后面应该大跌而横盘,这就是明显的异动。G 柱右侧 7 天横盘,上不过 B 线,下不穿 C 线,阳多阴少,阳强阴弱,就是即将反弹的信号。王子在 E 柱阳胜阴处介入,擒获两个涨停板。

伏击该股的过程,就是"警察抓小偷"的过程。G 柱的突然暴跌,引起了我们的关注;G 柱次日 G1 柱又跳空低开低走却收了个长长的下引线,更加引起了我们的关注。于是我们分析这个"小偷"前面的动作,从 F 柱到 G 柱已经连续下跌 20 天,没有必要在 G 柱再来一个大跌，更没有必要在 G 柱次日 G1 柱跳空下跌收出长长的下引线。把这几个动作结合起来看，显然这个"小偷"要"偷东西"了。

果然，E 柱倍阳过 B 线，来了一个涨停板。

次日，H 柱平 G 柱实顶开盘，又是一个涨停板。

小偷在行窃之前，总是要掩盖其意图的，而他要掩盖的地方，就是他要行窃的地方。G 柱的暴跌正好和 H 柱的暴涨对应，G 柱的开盘价是 16.87 元，H 柱的开盘价是多少？是 16.88 元，仅仅高出 1 分钱。这个"1 分钱"，往往就是假动作的踪迹。

由此可见，凡是人为的，必然有人的踪迹，沿着人的踪迹，肯定能找到他使用的方法和手段。这就是量学"伏击涨停"的核心。

第三节　第三定律：凡是有踪迹，必然有规律

中国有句古语"要想人不知，除非己莫为"。只要你有动作，就肯定会留下动作的痕迹。有的小偷偷东西之前，总要用什么东西遮挡被偷者的目光（如图 1-1 中涨停后的回调）；有的小偷偷东西之前，总要转移被偷者的视线（如图 1-2 中涨停前的回调）。这是其"惯用手法"，这种"惯用手法"就是其行窃的规律。掌握了他们的行窃规律，一旦发现其有非常规动作（常规应这样，却一反常态），就可以在小偷伸手拿货的第一时间抓住他。

同样，那些想拉涨停板的庄家或主力，也有其各自不同的拉涨停的方法，也就是"惯用手法"。我们只要善于观察或研究，一定可以找到其"惯用手法"。只要找到了其"惯用手法"，也就找到了其"涨停规律"。一旦发现其有非常规行为，你就可以在庄家"伸手拿货"的第一时间伏击涨停。

下面来看图 1-3。

图 1-3 是图 1-2 的"五矿稀土"在一个多月后的走势图。在此之前，我们在图 1-2 的 G 柱实顶上方标注了 6 条水平的虚线，表示对该股后市的预测。画线的方法非常简单，就是以当前最突出的长阴短柱实顶画水平线。图中虚线右侧的红色实线是 7 月 5 日留影后对虚线的自然延后，以便读者观察该股日后的走势。

令人惊奇的是，这 6 条线画好后，该股其后的走势都在我们画定的线条上运行，或踩线（即向上），或触线（即回落），或咬线（即攀升）。

图 1-3　五矿稀土 2013 年 8 月 9 日留影

E 柱和 M 柱两个涨停板都是踩线（即涨停）。M 柱后横盘两天，第三天 N 柱踩着横盘线又是一个涨停，第四天 O 柱跳过 A 线再次涨停。

从 O 柱之后回调 7 天，第七天 P 柱最低点与左侧大阴实顶 H 点精准重合，二者都是 19.45 元，次日踩着 A 柱的虚顶线开盘即上攻，至 Q 柱缩量涨停。

从 E 柱开始，短短 7 天内就有 4 个涨停板，其动作几乎完全一致，并且，我们给他预定的几个目标位都精准无误地、合规合律地兑现。可看出：

R 柱最高点与其左侧水平的跳空阴底 K 柱重合；

S 柱最低点与其左侧水平的 I 柱平顶无缝重合；

T 柱最高点与其左侧水平的假阴实底无缝重合。

每当看到这个主力如此精准合律的操盘节奏，笔者就不由得拍案叫绝。当我把这两幅图发到论坛上和大家分享时，有人在网上惊呼："黑马王子肯定是五矿稀土的庄家，否则他不可能这么精准地提前规划出这个走势图。"

事实上，我根本不是什么庄家，我和大家一样，是个货真价实的散户。只是我从这只股票的前期走势，发现了这个庄家的操盘手法和操盘规律而已。这就是伏击涨停的第三定律"凡是有踪迹，必然有规律"。

第四节　第四定律：凡是有规律，必然可复制

许多网友问我，你这套方法和技巧是从哪儿学来的？我能学会吗？

王子答曰：现代科学告诉我们，可以复制的技术，才是科学的技术；可以推广的技术，才是成熟的技术。上述伏击涨停的方法和技巧，原是"西山大师"传授给我的。我又结合自己的感悟，做了补充、优化和发展。我这个60多岁的傻瓜都能学会的东西，相信大家一定能学会，并且比我用得更好。

不信？下面讲几个真实的故事。

故事一：作者的故事

自2007年1月开始，我就在股海明灯论坛发布"盘前预报"，最初目的是给"西山大师"交作业。我的方法是每天预报3只股票，观察其10天内的效果，连续6年从未间断。奇迹发生了：

2007年典型牛市，我成功预报了217个涨停板；

2008年典型熊市，我成功预报了331个涨停板；

2009年牛熊杂市，我成功预报了365个涨停板。

这是连我自己都不敢相信的事实，可它却实实在在地记录在股海明灯论坛上，成为我们研究伏击涨停的原始素材。

重要说明：预报不等于买到，知道不等于做到。我们所做的盘前预报是训练眼光的，买卖还涉及时点、价位、环境等诸多因素。预报的股票涨停了，不一定你买的股票也能涨停。我和许多伏击涨停的网友都有这样一个体会：预报的股票涨停了，可买的总是不涨停，有的甚至下跌。这就涉及"知行合一"的问题，涉及预报与操作的时效性和成功率等问题，本书将逐一揭示。

为了提高预报的时效性和成功率，我们将预报与涨停的统计时限压缩到5天，这样一来，预报涨停的数量下降了，质量却提高了：

2010年漫漫熊市，我每周能成功预报2个涨停板；

2011年先牛后熊，我每周能成功预报3个涨停板；

2012年熊熊不休，我每周能成功预报4个涨停板。

我最好的成绩是 2013 年 8 月 1 日的周四，股海明灯论坛的"东方"版主对我预报后的涨停统计是："三日内预报九股，今日八个涨停。"

但后来，王子再也不敢预报了，因为许多网友不肯动脑筋，一见到王子预报的股票就买，几百万元、几千万元资金往里砸，难免会出现"惊庄打压"的现象。清华大学伏击涨停特训班就曾经发生过一件怪事，当时我点评了一只股票，有位学员看好这只票，便使劲买，3 天内就买成了该股"前十大股东的第七名"。然后他就接到了一个神秘电话："你若不卖出，我们就套死你。"果然，第二天、第三天该股下跌 15%。为此，我们采取了分仓转手的方法才挽回了损失。为了避免这种情况，王子今后将尽量少报或不报，逐步淡出。

故事二：读者的故事

2009 年 1 月，四川人民出版社在跟踪股海明灯论坛两年后，特邀我将伏击涨停的方法和技巧写成专著，先后出版了《量柱擒涨停》和《量线捉涨停》两本书。这两本书出版之后，令人不敢相信的事情发生了：许多读者读书仅仅一两个月，有的读者甚至读书仅仅一两周，也能擒到涨停板，有的还能接二连三地擒到涨停板。例如：

"胡有有"同学，第一个月成功预报了 11 个涨停板；

"郑一一"同学，第二个月成功预报了 12 个涨停板；

"狙击手"同学，第三个月成功预报了 13 个涨停板。

为了复制和推广伏击涨停的技术，股海明灯论坛开辟了"伏击涨停预报大赛"，规定每人每天只能预报 3 只股票，验证并统计 5 日内涨停的成绩。有位名叫"其瓦额"的网友，连续 3 年平均每周都能成功预报 3 个涨停板，有一天，他竟成功预报 9 个涨停板。

2011 年 5 月，我应邀到深圳讲学，顺便去拜访他，一见到他，把我吓了一跳。原以为他是一位风华正茂的小伙子，哪知他竟是一位年过七旬的老者。他在大学任教几十年，退休后每天坚持读书看盘，每天坚持预报，取得了令人佩服的好成绩。这位老人现在成了伏击涨停特训班的"实盘嘉宾"，连续 3 期指导特训班的学员做实盘演练，培养出一批又一批实战高手。他预报的 46 只股票获得 44 个涨停，成功率高达 95.65%。

故事三：学员的故事

2011年11月，"××大学证券操盘实战研修班"在考查我们伏击涨停的效果之后，请我去开办"伏击涨停特训班"，每期集中培训5天，周六、周日讲基础课，周一至周三讲实盘课。许多学员听完基础课就能成功预报涨停。

2012年5月7—9日，正是大盘大跌的3天，特训班的成绩是：

全班23人，平均每人成功预报1.3个涨停板。其中，有19人成功预报了3~6个涨停板。另外，有两人成功预报了9个涨停板。

2013年9月21—25日，大盘3天下跌，特训班的同学却能天天伏击涨停。全班26人，平均每人成功预报1.5个涨停板。其中，有3人在5天内成功伏击了15个涨停板。即盘前预报的3只股票全部涨停。5个小组中有4个小组实现人人成功伏击涨停。

由于"伏击涨停特训班"的效果好、口碑好，从来不打广告，学员期期爆满。"北大量学伏击涨停特训班"因为教室安排不过来，只好在北京大学体育场楼上举办。一位资深培训导师说："我从2011年即关注王子老师的特训班，直到2019年，越办越火。我见过许多证券培训班都是一两年就熄火，可是王子老师的特训班办了九年，至今如火如荼，真是奇迹！"许多在各地参加过多次培训的学员反映："王子老师的伏击涨停特训班，教材一流、授课一流、助教一流，这是我参加过的效果最好的特训班。"（见"北大博雅量学实战特训班"学员反馈信息库）我们的"伏击涨停特训班"培养了一批又一批实战高手，从绩效上看，有人一年翻番，有人一季翻番，还有许多人当月翻番。你到"量学云讲堂"去看看，每天都有精彩的故事发生。

他们是怎样取得这些成绩的呢？这绝对不是读了王子的几本书、看了王子的几个帖、听了王子的几次课就能取得的，而是用汗水和泪水，用智慧和心血铸就的成果。如果你有兴趣，可以到股海明灯论坛去核实和查验这每一个涨停板的来龙去脉，你会惊奇地发现，在每个涨停板的后面，都有勤奋好学的动人故事和激动人心的涨停规律。

根据我们最近12年的预报实践和最近8年的特训实践，成功复制伏击涨停的技术有如下3个诀窍：

诀窍之一：跟着规律走，实践出高手。

诀窍之二：跟着强者走，勤奋出高手。

诀窍之三：跟着前者走，总结出高手。

我将上述"诀窍"总结为"伏击涨停十八法",在《红周刊》连载之后,引起全国轰动。《伏击涨停》一书在"伏击涨停十八法"的基础上增加了一些新内容、新感悟,书中介绍的系列技巧和方法都是经过时间检验的好方法、好技巧,一经问世,好评如潮,当年即荣获新华网"2014年度中国影响力图书"评选第一名,当当网将之誉为"超级畅销书",至今畅销不衰。

希望本书的修订能帮助各位读者创造自己的奇迹。

希望更多的读者参与量学伏击涨停的研究和实践。

第2章
伏击涨停的诀窍
——跟着规律走

在人类社会发展史上,有一个令人啼笑皆非的奇观:针对同一个对象,竟有成千上万人发明了成千上万种技术指标,以期达到同一目标,尽管这些发明人中有获得"诺贝尔奖"的高人,但连同这些高人发明的指标在内,却没有一个指标管用,这就是股票。这几千种股票技术指标中,有没有一个指标是用于"伏击涨停"的呢?没有。

那么,伏击涨停的成果又是怎么来的呢?

第一节 换种眼光看,变个手法做

大家知道,中国股市通用的技术指标和操盘方法,大多都是从西方舶来的"洋货",尽管这些技术非常成熟,但它们在中国股市却"水土不服"。

更重要的是,我们面对的庄家和主力,都是用传统技术武装到牙齿的股市精英,他们学习和应用西方技术的能力和实力可以说达到了炉火纯青的境界,并且还可以反向应用这些技术和指标制造陷阱及错觉,引诱普通投资者错上加错,吃亏上当。

同样,我们现在要想战胜武装到牙齿的庄家和主力,也必须另辟蹊径,"换种眼光看股市,变个手法做股票"。

只要"换种眼光看股市",你就可以发现过去从来没有发现过的股市奇观;

只要"变个手法做股票",你就可以发现过去从来没有发现过的股市奇效。

不信?我们来看图2-1所示的案例。

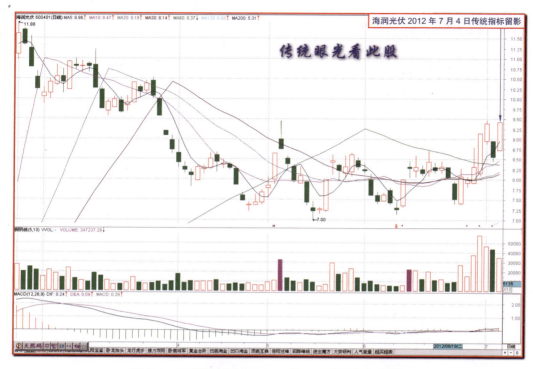

图 2-1　海润光伏 2012 年 7 月 4 日传统指标留影

这是一只在 36 个交易日内拉出 5 个涨停板的股票。如果以传统眼光，无论从均线组合、K 线组合上看，还是结合其他任何技术指标来看，这只股票几乎没有介入机会，伏击效果几乎为零。

但是，如果我们换一种眼光来看，情况就大不一样了。下面是我们于 2012 年 6 月 12 日在《红周刊》上的预报（见图 2-2）。

这幅图上，我们抛弃了所有的传统技术和指标，只留下了最原始的、赤裸裸的量柱和价柱。这时，我们排除所有传统技术和传统观念的干扰，仅从量柱和价柱的组合对比中，就能发现许多过去从未发现过的股市景观，还能发现许多过去从未发现过的涨停基因和伏击机会。

我们为什么要在 F 柱预报该股呢？这就是"变个手法做股票"。

所谓"变个手法"，就是用不同于传统技术的"量学方法"来做股票。按照量学的基本原理，我们只要使用一个非常简单的量柱阴阳对比图，就能很快抓住尽早发现该股伏击涨停的机会。

先看量柱。 图 2-2 中红色箭头和红色字母标注的 A、B、C 这 3 处"长阴短柱"建构，即"长长的阴价柱对应着短短的阴量栏"，此后，与之基本水平的位置则是拉出与之对应的"长阳矮柱",即"长长的阳价柱对应着矮矮的阳量柱"涨停。这就是一种规律,即"长阴短柱"下跌的后面,必然有"长阳矮柱"拉升。既然甲、乙两处都能涨停,那么丙处涨停也就自然而然了。

再看价柱。见图2-2中的黄色方框,在A框和B框的后面都有涨停板,B框与C框内的价柱,都没有有效跌破真底(阴实底)水平线,且C处真底明显抬高,C框后面有涨停板,D柱真底再次抬高,此后再拉一个板。

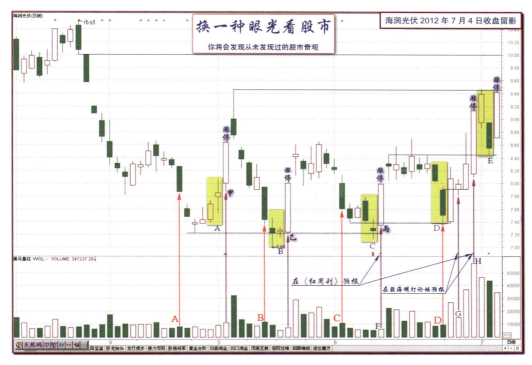

图2-2　海润光伏2012年7月4日收盘留影

我们于2019年6月12日发布了该股的走势预报(见《红周刊》的《凹底淘金战术》一文)。此后,该股涨停并逆市横盘7天,第八天D柱"长阴短柱"跳空下行,可是其最低点没有击穿其左侧F柱的开盘价,第三次真底抬高,这引起了我们的高度关注。我们于D柱次日(6月27日)在股海明灯论坛截图预报该股,此后第二天(6月29日)该股再度涨停(H柱)。就在该股涨停的当天(6月29日),我们在《红周刊》再次截图点评了它,此后第三天(7月4日)大盘不好,满眼皆绿,沪市仅有一只股票涨停,它正是我们3天前预报的"海润光伏"。

这就是"换种眼光看股市,变个手法做股票"的效果。这种新的"手法",就是根据"量价阴阳、真假虚实"8个要素的研判,探索或发现庄家或主力制造涨停的方法和技巧，紧跟庄家或主力的动作和节奏，进入伏击涨停或享受涨停的境界。

当然，伏击涨停是有层次的，从学习到掌握再到运用，也是有层次的，必须经过从入门到登堂入室，从入道到出神入化的过程。这是一个复杂的由渐进到突变的过程。例如，图2-2中的5个涨停板，就能体现5个层次：

有人能抓一个涨停，这是入门的层次，我们称之为"新手"；

有人能抓两个涨停，这是入堂的层次，我们称之为"好手"；

有人能抓三个涨停，这是入室的层次，我们称之为"能手"；

有人能抓四个涨停，这是入道的层次，我们称之为"高手"；

有人能抓五个涨停，这是入化的层次，我们称之为"圣手"。

不同的层次，决定不同的效果。不同的层次之间，还有过渡与回潮。如果我们要伏击涨停，首先就得给自己定位，确认自己目前所处的层次。然后根据自己的层次去训练和提升自己的眼光。

如果你不是庄家或主力，在实战中很少有人能够成功伏击这5个涨停板。能不能找到在实践中成功伏击这5个涨停板的办法呢？

有！当你跟随我们的讲解学完本书内容后，就会惊奇地发现：这5个涨停板，一个都不会少。

第二节　跟着强者走，勤奋出高手

这里所讲的"强者"，有两层含义，一是指学习上的强者，二是指市场上的强者。

学习上的强者就是比你进步快的人。同处一个特训班的学员，5天特训下来，为什么张三天天擒获涨停？为什么第四组、第五组的全体学员都能擒到涨停？原因可能多种多样，但最主要的是"勤奋"。伟大的发明家爱迪生说过：天才是百分之一的灵感，加上百分之九十九的汗水。马克思也说过：在科学的道路上，是没有平坦的大路可走的，只有在那崎岖小路上攀登的不畏劳苦的人们，才有希望到达光辉的顶点。股海明灯伏击涨停预报大赛的年度冠军"蓝马涨停"同学，从2012年8月15日到2013年8月15日，一共预报了818只股票，其中有412个涨停，成功率达到51%。他为什么能取得如此骄人的成绩？从他发布预报的时间表上可以发现，他经常深夜一两点还在研究股票、发布预报。这种勤奋精神，才是对他成功原因的最好注解，也是我们走向成功的独门诀窍。

市场上的强者就是强庄，他们是我们伏击涨停的主要目标。市场上的强庄，其实力强大、手法强悍、走势强劲，越是行情不好的时候，他的股票走得越好；或者，他做股票根本不看大盘的脸色，一副我行我素的样子；或者，涨停接着涨停，新高接着新高，一般人根本不敢碰他的股票，而我们却要紧跟这样的股票。因为，只有跟着强者，你才是强者。如果你发现了强者，挤也要挤进强者的队伍。本书介绍的许多案例都是紧跟强者、挤进强者的经典案例。希望阅读本书的读者也能成为强者。

第三节　跟着规律走，实践出高手

世间万物都是有规律的，规律就是科学。吃饭有科学，走路有科学，睡觉有科学，炒股一定也有科学，涨停板当然更有科学。关键是看我们如何去发现科学、发现规律、运用规律。

"伏击涨停特训班"的学员们应该都记得下面这个案例。2012年5月4日，我截图分析了一只股票，这只股票在大盘大跌行情中逆市走出大牛行情，它就是图2-3所示的巴安水务。

图2-3中以A处的箭头为界，可以分为左右两个部分：左半部分是我们2012年5月4日截图预报前的走势，右半部分是5月4日截图预报后的走势。左半部分的8条"实线"是5月4日截图预报时画上去的攻防路线；右半部分的"虚线"是左侧8条实线的自然延长线。依据这8条攻防线，我们连续3次提前预报了这只股票，先后伏击了11个涨停板。

第一次预报在A处（2012年5月4日周五），我们在股海明灯论坛和"伏击涨停特训班"同时发布预报（参见人大特训班5月6日印发的教案），从预报后的周一开始，该股连续3个涨停板。此后，在E处调整3天后，又是一个涨停板。

第二次预报在F处（2012年5月30日周三），该股在F处缩量调整，回踩21.95元精准线，我们第二次预报它，此后又是3个涨停板。

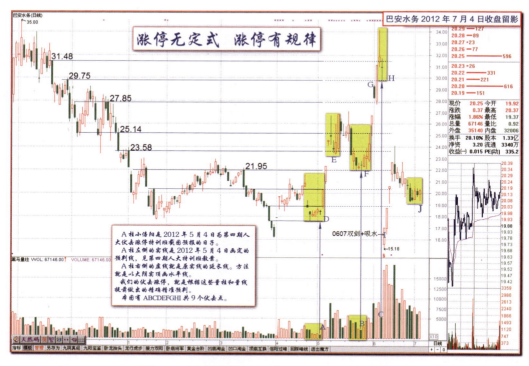

图2-3 巴安水务2012年7月4日收盘留影

第三次预报在H处（2012年6月7日周四），该股除权分红，我们于当天发布第三次预报，此后连续4个涨停板。

该股从最低点到最高点48个交易日内，共有11个涨停板，累计涨幅高达300%。我们对它的3次预报，几乎每次都是"提前介入，守候涨停"。

这其中有什么规律呢？来看图2-3，以A柱为界，可以分为左右两个部分。左侧为预报前的走势，右侧为预报后的走势。我们来看看其中的规律。

先看量柱。A、B、C这3根量柱都是当前的最低量柱，最低量柱的次日或第三天，都出现了涨停板。它是我们预报涨停的基础。

次看价柱。E和H这两个方框中价柱的组合形态，都是"先上后下"的两根长长的上下影线的并列组合（量学称之为"双剑霸天地"），这种组合的次日或第三天，往往会有涨停板出现。

再看量线。A柱左侧的"实线"是预报时画出的，画线的原则都是"以左侧大阴实顶画水平线"，没有掺杂任何主观因素；A柱右侧的"虚线"是预报后左侧实线的延长。每条延长线的相应位置，几乎都精准无误地帮我们完成了A、F、H这3处的预报。

后市预测：来看 D、F、J 这 3 个方框内均是 6 根价柱、"凹口淘金"结构、精准回踩左侧的延长线，每个方框内有 3 个要素相同，其中 D、F 两个方框后面均有涨停板出现，那么 J 方框后面能有涨停板吗？

科学是规律的总结，规律是科学的体现。见证神奇的时候到了。

我们来看图 2-4。

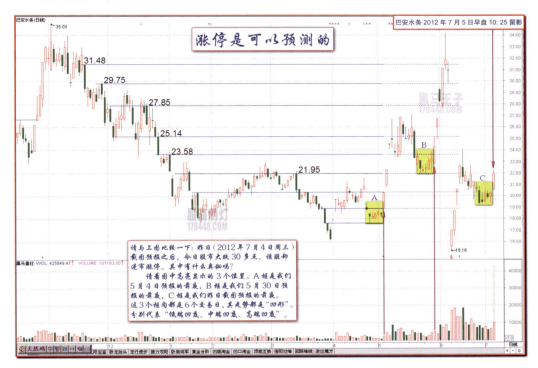

图 2-4　巴安水务 2012 年 7 月 5 日早盘 10:25 留影

与图 2-3 比较一下：为了简化视图，将图 2-3 中的其他信息去掉，将 3 处"凹口形态"用黄色标示为 A、B、C。我们于 2012 年 7 月 4 日（周三）截图预报之后，次日股市大跌 30 多点，该股早盘却逆市涨停（见 C 框即图 2-3 的 J 框）。这其中有什么奥秘吗？奥秘就在这 3 个方框中：

A 框是我们 5 月 4 日预报的前夜；

B 框是我们 5 月 30 日预报的前夜；

C 框是我们 7 月 4 日截图预报的前夜。

这 3 个方框内都是 6 个交易日，其走势都是"凹形结构"，其脚下都踩着左侧延伸过来的"虚线"，结果呢？其后面的走势都是涨停板。如果你提前发现了这 3 个方框里的规律（凹口淘金），你也能在大跌中逆市擒获涨停。

这就是科学，这就是规律。

这就是：跟着规律走，实践出高手。

第四节　跟着前者走，总结出高手

这里所讲的"前者"有两层含义：一是指在你前面成功的人，二是指比你高一个档次的人。

前面有人能够伏击涨停，你却不能伏击涨停，这是什么原因？你要"总结"。

总结的核心就是从自身找原因。有人伏击成功了，找不到原因，这就是失败；有人伏击失败了，不从自身找原因，而是说"这一招不灵"，这是更大的失败。为什么别人能成功，你却失败？原因只能从自己身上找。怎么找？将前面已经成功的人当作一面镜子，经常照一照，你就知道自己在哪些地方不足了。

找到不足之处，就应总结。既要总结成功的经验，也要总结失败的教训；既要总结自己的经验，也要吸取别人的教训，要把失败变为成功的阶梯，步步登高，从低层次逐步进入高层次。

在股市中，每一个人所处的层次是不一样的，即使是同一个特训班、由同一个老师训练出来的人，其层次也不一样。所以我们要随时随地给自己定位。成功了，要定位；失败了，也要定位。哪怕你是最后一位，也不用担心。

有一个女孩，小时候每次体育课跑步都落在最后。这让她非常沮丧，甚至害怕上体育课。这时女孩的妈妈安慰她："没关系的，你年龄最小，可以跑在最后。不过你要记住，下一次你的目标就是——只追前一名。"

女孩记住了妈妈的话。再跑步时，她就奋力追赶她前面的同学。结果从倒数第一名，跑到倒数第二、第三、第四……一个学期还没结束，她的跑步成绩已到中游水平。

接下来，她把"只追前一名"的理念引申到学习中，每次考试都要努力超过前面的一个同学，2001年她以优异成绩从北京大学毕业，被哈佛大学录取，成为当年哈佛大学录取的唯一一位中国应届本科毕业生。她就是朱成。

这个故事告诉我们：只有明确而又可行的目标、真实而又适度的期望，才能引领我们脚踏实地、胸有成竹地朝前走。凡是指望一夜成功或是一招致富的人，永远也不可能成功。因为目标太高、期望太大的结果，不是力不从心，便是半途而废。

　　为了帮助大家逐步走向成功，股海明灯论坛开辟了两个训练场地：一个是"伏击涨停预报大赛"，专门训练伏击涨停的眼光；一个是"实盘模拟炒股大赛"，专门训练伏击涨停的操作。建议大家认真参与这两个训练，磨炼自己的眼光，熟悉自己的操作，增强自己的意志。

　　请记住我的忠告：凡是涨停预报成功率低于30%的选手，或者模拟炒股月利不足30%的选手，建议你不要去实盘买卖股票。因为目前市场上70%的人都是亏损的，你在训练中不能战胜70%的人，你在实盘中就只能给别人送钱。如果你用"只追前一名"的理念参与"伏击涨停训练"、参与"模拟炒股训练"，你一定会逐步走向成功。

第3章
伏击涨停的基础
——攻防三字经

2012年2月11日王子老师在《红周刊》上发表的《接力小双阳，乌鸡变凤凰》一文，深受读者欢迎。王子老师在文中预测"接力小双阳"之后将由"卧底矮将军"领衔涨停趋势，之后连续5天的涨停股票完全验证了他一周前的涨停趋势预测。

而在紧接着的一周中王子盘前预报的12只股票中，已有超声电子、科达股份、深天马A、庞大集团、亚太药业、川润股份等6只股票8次涨停。事实再次证实了量学理论的强大威力。

为什么"不管指标、不管消息、不管贵贱"却能准确预报涨停呢？从本章开始，将陆续介绍量柱量线的基础知识和预报案例。

第一节 最基本的"两种柱"

千里之行，始于足下；万丈高楼，全靠基础。

伏击涨停也一样，必须先打好基础，然后才能伏击涨停。

伏击涨停的基础是什么？是"量柱"和"价柱"。下面我们对照图3-1来看看，什么是"量柱"和"价柱"。

所谓"量柱"，就是看盘软件下方的那些红红绿绿、高高低低的表示成交量的柱体。量柱的表象是：参差不齐、高低相间的柱体。

所谓"价柱"，就是量柱上方的价位柱，也就是人们常说的蜡烛图或K线。价柱的表象是：上下带刺、虚实相间的柱体。

"量柱"和"价柱"是一对血肉相连的兄弟，丢开"量柱"看"价柱"，或者丢开"价柱"看"量柱"都是错误的。正确的方法是将二者联系起来，一看到"价柱"就要联系到它所对应的"量柱",同样,一看到"量柱"就要联系到它所对应的"价柱"。这就是我们量学的"立体看盘法",量价合一,见一即二。

请看图3-1中的黄色A框,这是传统看盘法中的"三只黑乌鸦",后市必跌;但是通过量学立体看盘法发现,这"三只黑乌鸦"对应的第二根量柱缩量二一,明显是假跌,第三根量柱继续缩量,其后必然上涨。

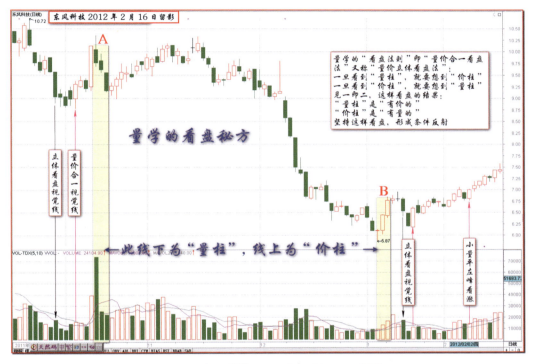

图3-1 东风科技2012年2月16日留影

再看图3-1中的黄色B框,这是传统看盘法中的"三个红小兵",后市必涨;但是通过量学立体看盘法发现,这"三个红小兵"对应的是等比梯量柱,梯量柱是走向衰退的,梯四柱若不能变异上涨,往往要大跌,所以量学要求我们"盯三防四",果然后市大跌。

由此可见,一旦使用"立体看盘法"把量柱和价柱结合起来看,所有的"价柱"都是"有量"的,所有的"量柱"都是"有价"的。用量学眼光看盘,你会发现,这些高高低低、红红绿绿、虚虚实实的东西,后面都藏着庄家或主力的动作,这些量柱个个都会说话,个个都有灵气,个个都是我们洞察先机、伏击涨停的得力助手。

现在,你可以先读一读图3-1中标示的文字,体会一下量柱、价柱里面所包含的庄家语言和量柱、价柱里面所隐藏的操盘计划。也许你暂时读不懂,但不要急,只要用下面的"三句话"来解读,你就会恍然大悟。

第二节　最核心的"三句话"

"量柱"和"价柱"的有机组合,为我们提供了极为丰富的伏击涨停的多元方程,无论股票走势多么复杂,多么隐秘,其核心理念就是"三句话",12个字,我们称之为"十二字令":

阳胜进(第一句);

阴胜出(第二句);

小倍阳,大胆入(第三句)。

关于"阳胜进",必须注意"位置决定性质",若是下跌途中的"阳胜",肯定不能进!只有企稳回升之后的阳胜,才能进。这与"小倍阳"异曲同工。

关于"小倍阳",量学认为:第一个小倍阳往往是试探,第二个小倍阳往往是试攻,第三个小倍阳往往是主攻。它们三者往往是"刹车、换挡、加油"的关系,如果第一个刹车没有刹住,就可能再刹,直到刹住了,才有后面的动作。由此可见,在第一个小倍阳介入,不够好;第二个较好;第三个最好!当然,这3个小倍阳的位置若能逐步抬高,那就是好上加好!

只要弄懂了上述标准,按照这"十二字令"操作,可以做到:

不看指标、不听消息、不管贵贱;

只看量价,该买就买,该卖就卖;

一买就涨,一卖就跌,一不小心就涨停!

量柱战法真有这么神奇吗?很多人肯定不信。我们来做个试验,只需记住这三句话,12个字,你就能尝到"一不小心就涨停"的甜头。下面结合一只股票的走势图(见图3-2),来看看操盘效果。

如图3-2所示,"十二字令"在量柱和价柱上体现得淋漓尽致。

注意:量学的看盘方法是"用左推法就近对比",就是以今天的量柱和价柱为基点,与昨天的量柱和价柱进行"就近对比",看看谁胜谁负,"红胜则进,红负则出";反之,"绿胜则出,绿负则入"。这里"进进出出"的关键是对于"胜"的"临界点"的把握。

关于"胜"的"临界点",有5层含义。

第一层,从量柱上看(以量柱顶部为基准):只要今天的量柱高于昨天的量柱,就是"胜",绿柱高就是阴胜,阴胜就出(如 A 框);红柱高就是阳胜,阳胜则进(如 B 框)。这里的"胜",特指"初胜"而非"极盛"。"阳胜进"是指"初阳胜阴可进","阴胜出"是指"初阴胜阳可出"。一旦"极盛"则要反向操作,即"阳盛出,阴盛进"。一般看单根量柱,有时也看两根量柱,用"面积的胜"换算成"高度的胜"。

图 3-2　金智科技 2011 年 8 月 5 日收盘留影

第二层,从价柱上看(以价柱实体为基准):只要今天红价柱的实顶高于昨天阴价柱的实顶,就是"阳胜";只要今天阴价柱的实底低于昨天红价柱的实底,就是"阴胜"(如 F 柱)。注意:不同的行情有不同的临界点:下行看阳价柱实底(如 A 框出货线),上行看阴价柱实顶(如 B 框进货线)。和量柱不同的是,价柱的胜一定要看实体,价柱的"实顶实底"就是"胜的临界点",也是我们"进出攻防"的临界点。

第三层,从配合上看(参照上述两个基准):"量价双胜"是"胜"的重要标志。只要今天的量柱和价柱同时胜于昨天的量柱和价柱,即"双向胜阴"(如 B 所示),才是"阳胜";反之,如果今天的量柱和价柱同时"双向胜阳"(如 A 所示),才是"阴胜"。

第四层,从量价比看(以量价对比为参考):"十二字令"中的"阳胜"或"阴胜",特指"双向胜",如果碰到"单向胜"的状况(如 C 框所示),最好还是"看一阵"再说。一旦发现"长阴短柱"或"长阳矮柱",就要具体情况具体分析了。千万不要急于下定论。

  第五层,从质量上看(依然参照上述基准):只要今天的量柱比昨天的量柱高一倍左右(不要高出许多),阳柱就是"小倍阳",阴柱就是"小倍阴"。若高出一倍以上,就是"双倍阳"或"三倍阳"或"四倍阳",若高出五倍以上,那就是"五倍阳"或"高倍阳"。参见图3-3。

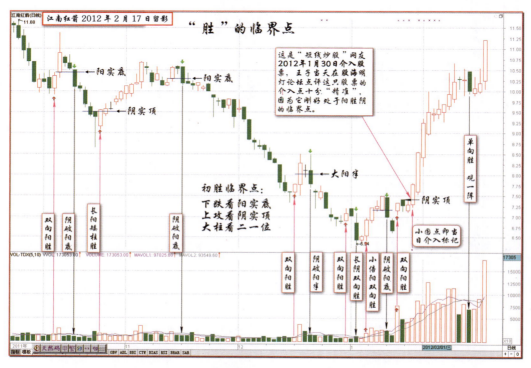

图3-3 江南红箭2012年2月17日留影

  图3-3中,共有12个符合要求的量柱,请仔细阅读图中的标注,其中就有上述5种情况的灵活运用。六进六出,无一失误。我们再做试验,用这"三句话"来看"尖峰集团"的走势(见图3-4)。

  按照"三句话"来看,图3-4中有14个进出标记,七进七出,无一失误。有人提问:为什么"长阴短柱,暂可持股"?因为长阴短柱是价柱大跌而量柱没有增高,显然是有人故意打压股价而他自己却没有大笔出货,这往往是强庄的行为,持股者在长阴短柱这天若没有及时出货可以观望,等候确认再作决策。

  也许有人会说,这是你专门挑选的典型案例,进进出出都有标记,当然好操作。那么,我们随便找一只股票,不做进出标记,由大家来操作,按"三句话"的标准现场做出选择(见图3-5)。

第 3 章　伏击涨停的基础——攻防三字经

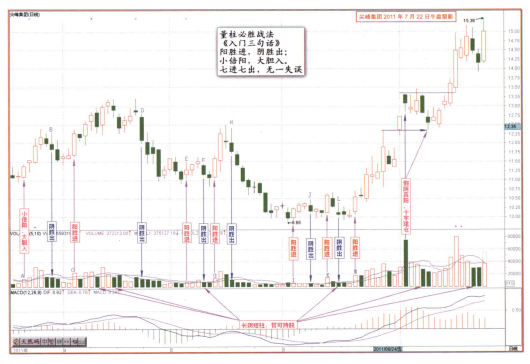

图 3-4　尖峰集团 2011 年 7 月 22 日午盘留影

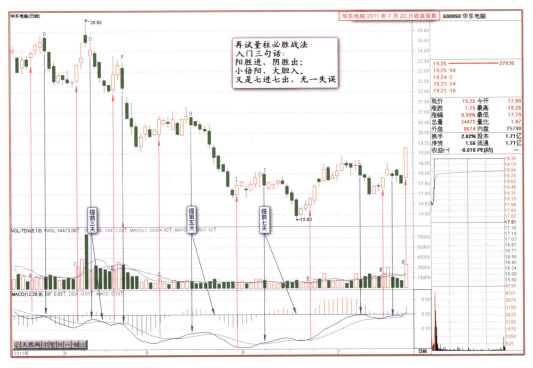

图 3-5　华东电脑 2011 年 7 月 22 日收盘留影

25

按照"三句话"做出标记，看其效果怎么样。大家的正确率至少在70%以上。你会惊奇地发现，用这"三句话"炒股，真有点捡钱的意思，真的是"一不小心就涨停"。

第三节　最精彩的"临界点"

"胜"是"三句话"的核心。"胜"的关键又在于"临界点"的把握。有的股票"临界点"很多，有的却很少。如图3-6所示的这只股票，非常有意思，用我们刚刚讲过的"三句话"来看它，它的"临界点"非常少。

图3-6　塔牌集团2011年7月4日留影

我们按照"三句话"的标准来操盘，在左侧的F点进去后，几乎没有卖出的"临界点"，图片上显得干干净净，清清爽爽。我们以A点分界，左侧只有F点一个买点，只有G点一个卖点。A点右侧却没有"临界点"了，任何位置进去都能赚钱。

像这种干干净净、清清爽爽的股票，一定要当心。因为你正面对着一个机遇，一不小心就会骑上一头猛牛。为什么？因为量柱战法看到的不仅仅是几根红红绿绿的柱子，而是透过这些柱子，用"三句话"看透了庄家：

买卖点少，说明主力的控盘能力强，计划性强，动作干净利索；

买卖点多，说明主力的竞争对手多，偶然性大，必然经常折腾。

我们跟着买卖点多的庄家做，常常会被搞得头昏眼花，一不小心就会出错。

如果跟着买卖点少的庄家做，你看多么轻松，50个交易日，只有一出一进，直上青云，逍遥自在。

王子老师是2011年7月3日（周末）发现这只股票的。这个主力做的股票，干净利索，落落大方，心存高远，志在必得。于是，他于当晚在股海明灯论坛发布预报：该股回踩不破十字线可介入。论坛上是7月4日（周一）发布的盘前预报。该股日后的走势大家可以调出来看看。从图3-6的预报点到7月22日，大盘持续横盘整理15天，许多个股跌得惨不忍睹，塔牌集团却扶摇直上。塔牌集团，从2011年6月13日的谷底8.18元，到2011年7月15日的峰顶17.88元，只用了25个交易日，股价涨幅高达119%。图3-7即为塔牌集团2011年7月22日收盘留影看预报后的走势。

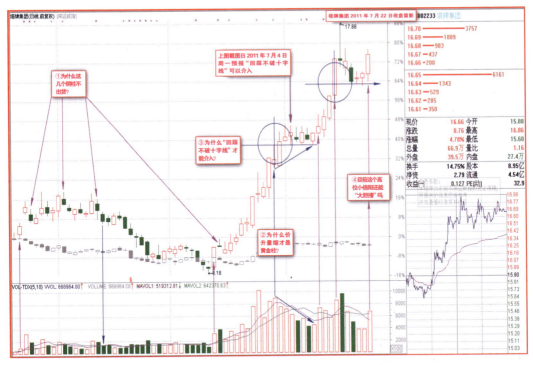

图3-7 塔牌集团2011年7月22日收盘留影

每当讲到这幅走势图，总有热烈的掌声，总有人站起来发言："王子老师的这'三句话'，句句经典，字字过瘾，我今后就用这'三句话'赚钱了！"

且慢，不要高兴得太早，这"三句话"固然重要，但不能包打天下。因为这"三句话"只是量柱战法的高度概括，还有一些特殊的情况要用特殊的战法来应对。

27

第四节 最狡猾的"阴阳柱"

这里再强调一次：不要迷信这"三句话"，它还不能包打天下。比如，阳胜有真有假、有虚有实，阴胜有假有真、有实有虚。如果你不能区别的话，还是不行。师傅引进门，修行在个人。这"三句话"，毕竟只是指路入门，要想登堂入室，还得深入修炼。下面介绍一种特殊的"阴阳柱"，就是要特别小心的地方。

什么是"阴阳柱"？就是在走势图上有些量柱看起来是"阴的"，实质上是"阳的"，如高开低走的阴柱就是假阴；有时看起来是"阳的"，实质上却是"阴的"，如低开高走的阳柱就是假阳。特别是"临界点"附近出现的这种"阴阳柱"，往往是掩人耳目的重要量价柱。

下面参照图3-8来看看阴阳柱。

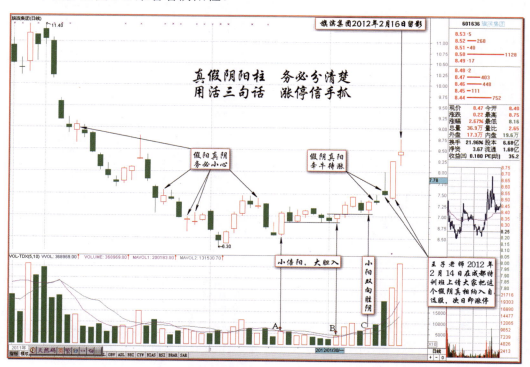

图 3-8 旗滨集团 2012 年 2 月 16 日留影

如图3-8所示，旗滨集团下跌途中，连续出现4个"低开高走"收盘价没有攻克左阴二一位的"假阳真阴"，是不能介入的；反之，在上升途中出现的这两个"高开低走"收盘价高于昨日收盘价的"假阴真阳",却是介入的良机。

2012年2月14日,王子老师在成都特训班上和学员们试用"小倍阳选股公式"选股,一共选出9只"小倍阳",我们依次从中筛选目标股,前面4只股票都不理想,当选出旗滨集团时,他眼前一亮,脱口大叫:"好!就选它!假阴真阳过左峰,来日涨停急先锋!"当场要同学们将它纳入牛股池。没有想到许多学员却荷枪实弹地介入了这只股。

第二天(2月15日周三),旗滨集团低开,缓慢高走,就在大家对它失去信心时,它于收盘前最后一小时封死涨停板。教室里响起了热烈的掌声。

就在这同一天,两市共有13只"假阴真阳"的股票涨停。它们是旗滨集团、赛为智能、深天马A、高鸿股份、鑫茂科技、天业股份、广东宏图、闽福发A、三五互联、怡亚通、江苏神通、博盈投资、莱茵置业,其中三五互联、旗滨集团、高鸿股份、江苏神通4只"假阴真阳"的股票均被成都特训班的学员提前预报并擒拿归案。

再看下面的案例。

如图3-9所示,赛为智能反弹途中,3个"假阴真阳"后面都有可观的涨幅,最后一个"假阴真阳"次日竖起一个涨停板。

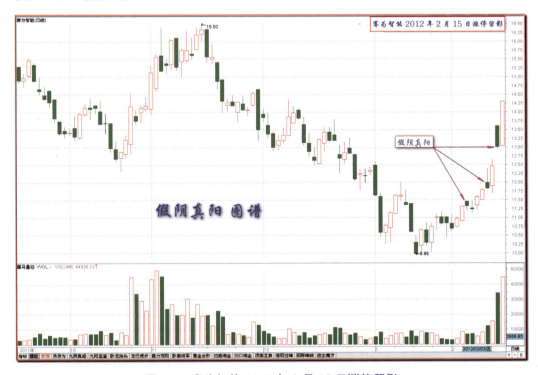

图3-9 赛为智能2012年2月15日涨停留影

短短的 5 天实战演练，成都特训班的同学们深深体会到：量学理论是一个完整的体系，"十二字令"只是量学理论的高度浓缩，其核心价值在于量柱与价柱的双向结合，在于阴阳大小的辩证。要想学好用好"十二字令"，还必须结合量柱理论的"十月怀胎"与"一朝分娩"之辩证关系，必须正确认识量柱和价柱，必须掌握涨停基因和涨停密码之间的关系等系统知识。

例如图 3-8 所示的"旗滨集团"的涨停并非"假阴真阳"这一个因素，还有 A、B、C 这 3 根王牌柱、3 道攻防线、3 条精准线以及小倍阳、大倍阳等涨停基因的综合作用。只有多重涨停基因的规律性有机组合，才是最重要的涨停先兆（参见清华大学出版社《涨停密码》一书）。

第4章
伏击涨停的工具
——测市七标杆

孔子说:"工欲善其事,必先利其器。"一个人要想干好自己的工作,必须先要准备好自己干工作要用到的工具。

伏击涨停的工具是什么呢?很简单,就是量柱。也许有人会问:量柱形态万千,毫无规律,怎么可能用于伏击涨停呢?

这个问题,正是本章要讲的。

第一节　量柱的形态及规律

股票走势图中,量柱的形态千变万化,毫无规律,要想一一识别,比海底捞针还要困难。但是,如果我们换一种科学的眼光,你会发现这些无序的量柱其实是井然有序的。

什么是科学的眼光?科学的眼光就是用"最明显"和"最重要"这两个标准来衡量,以"左推法"进行"就近对比",有比较才有鉴别,我们只要就近对比这些量柱,即可将其归纳为"高低平倍梯缩金"这7种形态,它们成双成对、互相指认,即"高量柱与低量柱""平量柱与倍量柱""梯量柱与缩量柱"这三对,外加"黄金柱"。除了这7种形态,再也找不到第8种形态了。

也就是说,要想看懂这7种量柱,必须遵循"就近对比"的原则,用"左推法"来判断,"高低平倍梯缩金"一目了然。强调一下看盘标准:向左看,用今天的量柱和昨天的量柱对比(比远了没有尽头,也就不可比了),一眼就能识别这7种量柱。

量柱的科学分类,既是量学的一个重大发现,也是当代股市科学的重大发明,它和科学文化领域的众多"七因子建构"天然重合、井然有序。这个科学分类具有强大的生命力,你看:

彩虹之美，美绝于赤橙黄绿青蓝紫；

音乐之妙，妙绝于哆来咪发唆拉西；

量柱之奇，奇绝于高低平倍梯缩金。

用量学的眼光来衡量股票走势，那些形态各异、毫无规律的量柱，立即变得合规合律、有条有理、各司其职、井然有序。只要掌握了"量柱七标杆"，我们的伏击涨停就有了理想的工具。

下面用图4-1来对照讲解一下量柱的基本形态。

图4-1 量柱的基本形态示意图

对照图4-1，只要"就近对比、向左看齐"，就能一眼看出如下7种标杆（量柱）及其测市规律。

高量柱：指某一阶段的最高量柱。它明显高出左右的量（见图中A、E、G、H柱）。高量柱测市规律为高量柱后常态示跌（见图中A、E柱），变态示涨（见图中G柱）。

低量柱：指某一阶段的最低量柱。两个高量柱之间明显低矮的即是（见图中B、F1柱）。低量柱测市规律为低量柱后常态示涨（见图中B、F1柱），变态示跌（见图中F柱），并有下一低量柱出现（如图中F1）。

平量柱：指与昨日量柱持平或基本持平的量柱。它必须是两根或两根以上的量柱，其高度可以上下浮动3%～5%（如图中C柱及其次日量柱）。平量柱测市规律为低位平量柱常态示涨（如图中 C 柱），变态示跌（如图中 F 柱左侧方框内）。

倍量柱：指比昨日量柱高出一倍以上的量柱。它甚至可以高出 2～5 倍，甚至更高，但是最低要高出 90% 左右（见图中 A1、D 柱）。倍量柱测市规律为倍量柱后常态示涨（如图中 A1 柱），变态示跌（见图中 E 柱）。

梯量柱：指对比昨日量柱逐渐升高的量柱。梯量柱特征是逐步升高，升高的幅度可大可小，只要逐渐升高的就是（见图中 A、E、G 柱及其左侧 3 根量柱）。梯量柱测市规律为红色梯量柱后的常态是即将衰弱（如图中 A、E 柱右侧），变态则走向兴旺（如图中 A2、G 柱右侧）；绿色梯量柱后的常态是即将上涨，变态则是稍稍下跌再涨（本案例中无）。

缩量柱：指对比昨日量柱逐渐降低的量柱。缩量柱特征是逐步降低，降低的幅度可大可小，只要逐渐降低的就是（见图中 A～B 柱、E～F 柱）。缩量柱测市规律为缩量柱后的常态是即将上涨，缩为百日低量是行情向好的重要标志（如图中 B、F1 柱），变态是小涨即跌（本案例中无）。

黄金柱：指上述 6 种量柱的提升，它相当于音乐中的高音符，可以加到每根量柱身上，这类量柱的研判稍稍复杂点，放到后面专门讲解。其测市规律为黄金柱后常态示涨（如图中 A1、A2 柱），变态示跌（本案例中无）。

由上可知：倍量柱、高量柱、低量柱都是"一根量柱"，可以"一柱定音"；而平量柱、缩量柱、梯量柱则是"几根量柱"，它需要"群柱定性"；有的量柱身兼数职，如图中 E 柱，它自身是倍量柱，又兼高量柱，还兼梯量顶柱，与其左侧 3 根量柱组合成梯量柱，与其右侧若干量柱组合成缩量柱。

初学者最容易犯的错误是"简单类比"，例如，在 I 柱这天认为图中的 E 柱是高量柱。这个看法是对的，但违背了"就近对比、向左看齐"的原则。所以在 I 柱这天看盘，最近的高量柱是 H 柱。遵循"就近对比、向左看齐"的原则，才能避免千人千柱的无规律分类，达到千人一柱的有规律分类。

下面来看工具的使用方法。

第二节　逃顶与抄底的标杆

"高量柱"和"低量柱"是某一阶段的对比结果。只要是某一阶段的最高量柱，就是"高量柱";只要是某一阶段的最低量柱,就是"低量柱"。

请看图 4-2 的案例。

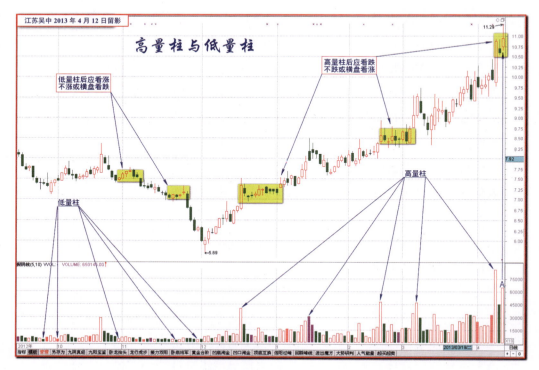

图 4-2　江苏吴中 2013 年 4 月 12 日留影

图 4-2 中,左边箭头所指的都是低量柱,右边箭头所指的都是高量柱。高量柱和低量柱有如下 3 个"对立"的特征。

高量柱是在某一价位成交火热的标志,而低量柱则是在某一价位成交清淡的标志。

高量柱是在某一价位双方认同的标志,而低量柱则是在某一价位双方分歧的标志。

高量柱后的走势多数向下有少数向上,而低量柱后的走势多数向上,有少数向下。

前两个特征一般人都能看到或猜到,第三个特征往往被人忽视,而这个被人忽视的特征,却蕴藏着极大的机会,请看图 4-2 中价柱图上的 5 个黄色方框,左侧两个方框内是"低量柱后应看涨,不涨或横盘看跌";右侧 3 个方框内是"高量柱后应看跌,不跌或横盘看涨"。

图 4-2 中最右侧的 A 柱是笔者 2013 年 4 月 13 日(周六)在《红周刊》讲课时的截图,根据高量柱后"该跌不跌看涨"的量学辩证原理,笔者认为它后面应该涨。

第 4 章 伏击涨停的工具——测市七标杆

图 4-3 是该股一周后的情况。

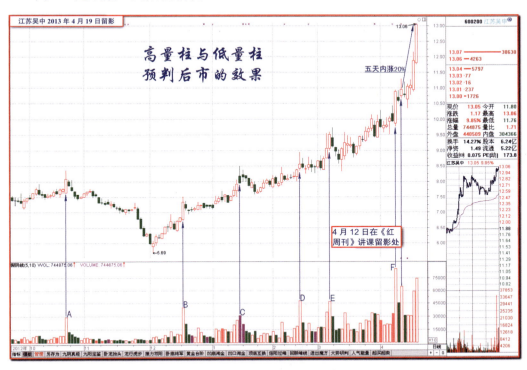

图 4-3　江苏吴中 2013 年 4 月 19 日留影

验证结果：预报 5 天之后，价过 F 高量柱，5 天大涨 20%。

思考：图 4-3 中同样是"高量柱"，为什么 A 柱后面大跌，B、C 柱后面小跌，只有 F 柱之后却能够大涨呢？看来，有价值的高量柱很少却很重要，"高量柱"的伏击很有学问。

提示：高量柱 + 缩量柱 = 黄金柱，这样的高量柱才是有价值的。

注意：高量柱后常态示跌，但行情一旦突破高量实顶线，就会出现反常的上涨行情。由此可见，量柱和价柱结合，位置和性质结合，才能看出量柱在当前位置的作用和发展方向，切不可独立地看量柱，不可把"甲处的量柱后势"与"乙处的量柱后势"做简单类比。

一般情况下，高量柱所处的位置往往是股价即将向下运行的拐点，而低量柱所处的位置往往是股价即将向上运行的拐点。一旦背离正常走势，其反常走势就要出现，量学就是抓住这种正常走势与反常走势的变势节点来预报后势，所以能达到及时、准确、可靠的效果。

第三节　蓄势与爆发的标杆

"倍量柱"和"平量柱"是与昨日量柱的对比结果。只要相对昨日的量柱增量一倍或一倍以上，就是"倍量柱"；只要相对昨日量柱持平或基本持平，就是"平量柱"。当然，其增量或持平的误差应在3%～5%。

请看图4-4所示案例。

图4-4　中水渔业2009年3月16日留影

图4-4中红色箭头标示的是"倍量柱"，黑色箭头和方框标示的是"平量柱"。用字母标注的A、B、E、G都是倍量柱，字母C、D、F、H与其相邻的两根量柱组合成平量柱。这两种柱形都是"与其昨日量柱相比"而确立的。值得注意的是D柱，它自身是"倍量柱"，与其次日量柱组合又是"平量柱"，一柱"身兼两职"，在今后的分析中，你将会发现"身兼数职"的量柱具有不一般的作用。

"倍量柱"和"平量柱"有如下3个相反或相异的特征。

倍量柱比它昨日的量柱增量一倍或一倍以上，明显是昨日的量柱对应价位满足不了一方胃口，一方要大量吃进，预示着股价看涨；平量柱与它昨日的量柱基本持平，说明昨日量柱对应的价位基本合乎双方胃口，暗示双方正在你争我夺，争夺的结果要在次日见分晓。

倍量柱体现了主导方的主动行为，毫不犹豫，力拔万钧，意犹未尽；平量柱却显得双方有些被动，讨价还价，犹豫不决，原势趋缓，行将衰竭。

倍量柱体现了有预谋、有计划的行动，攻击性多于试探性；平量柱则体现了势均力敌的味道，压抑性多于蓄势性，一旦松压就要爆发。

前两个特征一般人都能看到或悟到，第3个特征一般人很难想明白，而其中蕴藏的能量，往往能爆发出一轮意想不到的行情。也就是说，低位平量柱后往往都有大涨。其规律性表现为：

两个平量柱后，往往有10%的涨幅（或一个涨停板的空间）；

3个平量柱后，往往有20%的涨幅（或两个涨停板的空间）；

4个平量柱后，往往有30%的涨停（或3个涨停板的空间）。

请看图4-5所示案例。

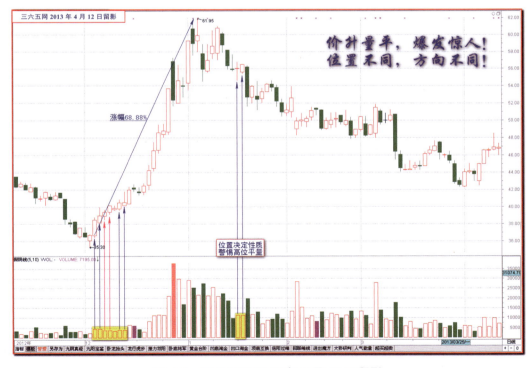

图4-5 三六五网2013年4月12日留影

思考：图4-5中左侧黄色方框标示的7个平量柱之后，为什么行情急骤飙升近70%，而中间两个平量柱后面的行情却急转直下呢？

提示：位置决定性质。对于高位或下降途中出现的平量柱，一定要警惕，其向下的力量往往和向上的力量成正比。

注意：方向决定动向。低位平量柱的趋势是向上的，而高位或下降途中平量柱的趋势是向下的，切不可将"甲位置的趋势"套用在"乙位置的趋势"上面。

第四节　顺势与逆势的标杆

这是两种特殊的组合型量柱。只要连续两天（或两天以上）比昨日量柱增高如梯形的就是"梯量柱"；只要连续两天（或两天以上）比昨日量柱缩量的就是"缩量柱"。请看图4-6所示案例。

图4-6　西山煤电2009年4月17日留影

图4-6蓝色箭头标示的步步高的为"梯量柱"，红色箭头标示的步步低的为"缩量柱"。它们的共同特征是：梯量柱和缩量柱往往共用一根高量柱，所有的行情都是由梯量柱和缩量柱所组成的。观察上面这些量柱所对应价柱的变化，才能看懂其特征。

"缩量柱"和"梯量柱"也有 3 种对立的特征。

"缩量柱"的形态明显逐步走低,"梯量柱"的形态明显逐步走高。

"缩量柱"的成交量逐步缩小,"梯量柱"的成交量逐步增大。

"缩量柱"和"梯量柱"都有"量价同步"和"量价背离"两种状况。

"缩量柱"的量价同步(见图 4-6 中 B、E 柱的右侧):说明供求双方信心不足,每况愈下,体现了"价跌量缩"的市况,但下到极点必然向上。

"梯量柱"的量价同步(见图 4-6 中 C、D 柱的左侧):说明供求双方期望升值,每况愈上,体现了"价涨量增"的市况,但上到极点必然向下。

"缩量柱"若量价背离(见图 4-6 中 F、H 柱的右侧):其"价升量缩"的态势说明供不应求,有售必买,其庄家必然胸有成竹,志在必得,大有"力拔山兮气盖世"的得意。

"梯量柱"若量价背离(见图 4-7 黄色方框所示):其"价跌量增"的态势说明抛售踊跃,杀价而沽,但庄家却悄悄吸筹,统统收纳,大有"兵来将挡,水来土掩"的豪气,一旦跌到底部,形成左向喇叭口,就会爆发大涨。

请看图 4-7 所示案例。

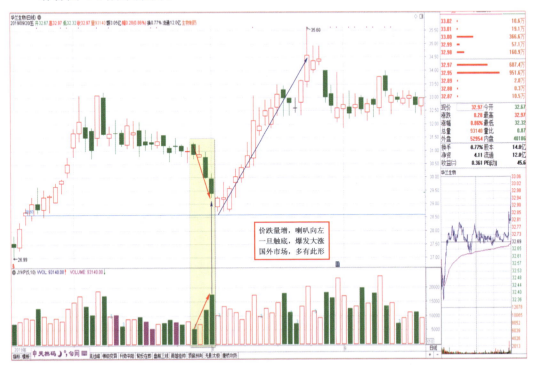

图 4-7　华兰生物 2019 年 9 月 20 日留影

如图4-7中黄色方框所示，价跌量增，喇叭口向左（又称反向喇叭口），价柱一旦触底，就会爆发大涨。美国股市就经常出现这种走势。

思考："价升量缩"的"缩量柱"说明了什么问题？它对我们的实际操作有什么预示？

提示："价升量缩"的"缩量柱"，体现了供不应求的局面，体现了主力控盘到位，场外很少浮筹，主力有"主动买入"的倾向，我们可以大胆参与；而"量增价涨"的"梯量柱"，体现了供大于求的局面，也体现了主力控盘能力不足，场外浮筹较多，主力有"被动买入"的倾向，我们应该主动回避。

注意：绿色梯量柱与红色梯量柱的市场意义是相反的。红色梯量柱的后市是逐步走向衰弱，而绿色梯量柱的后市是逐步走向兴旺。这就是下面将要讲到的"量柱群"（简称"量群"）的组合魅力。

第五节 量柱与量群的魅力

综上所述，判断几根量柱的形态和特征，绝不能只看它的高低红绿，而应该看其排列组合，从相邻量柱的"力量"对比中去判断其"力道"的倾向。力量可以研判买卖双方的力度，力道可以研判多空双方的走向。

量柱的品质不是由高低红绿决定的，而是由买卖双方的力量对比和力道变化决定的。不同的排列组合，承担着试探、建仓、增仓、补仓、震仓、启动、拉升等不同的职责，在不同的阶段，演绎着不同的角色。

自身最有价值的是"低量柱""倍量柱"和"缩量柱"。

"低量柱"往往是由跌转升的拐点。

"倍量柱"可以分别承担"试、建、增、补、震、启、拉"的角色。

"缩量柱"的"价升量缩"特征，可以组合出最有价值的"王牌柱"（即将军柱、黄金柱、元帅柱的统称）。

高量柱 + 缩量柱，可以是黄金柱；

平量柱 + 缩量柱，可以是黄金柱；

倍量柱 + 缩量柱，可以是黄金柱；

梯量柱 + 缩量柱，可以是黄金柱；

……

　　细心的朋友可能已经发现，量价背离的"缩量柱"，是培育"黄金柱"的酵母，有了它，我们就能在最不显眼的量柱里发现金子。许多庄家就是用这些最不显眼的量柱来迷惑散户，达到他们的目的。这就是量柱的组合。

　　由于量柱的组合与演变是一个斗智斗勇、斗钱斗势的过程，所以在走势上将会形成一群又一群风采各异的"量柱群"，其力道的发展变化层出不穷，但最基本的工具就是上述"量柱七因子"。

　　"量柱七因子"非常了不起，一定的因子可以组合成丰富多彩的涨停基因；一定的涨停基因按照一定的规律排列组合，可以组合成丰富多彩的涨停密码；一定的涨停密码按照一定的规律排列组合，又可以组成丰富多彩的涨停圆舞曲。"量柱七因子"的排列组合，仿佛"音乐七声音阶"的排列组合，既可以演奏出波澜壮阔的股市进行曲，也可以演奏出浪漫温馨的股市小夜曲，还可以演奏出大江东去的股市咏叹调。

　　那么，这些排列组合是随意的吗？不是。它们必须遵循一定的规律，且必然反映一定的规律。掌握了其中的规律，我们的伏击涨停才能化偶然为必然，化偶遇为复遇，才能进入伏击涨停的科学境界。

　　如何掌握其中的规律，如何运用其中的规律，下章再讲。

第5章
伏击涨停的标尺
——测庄七穴位

量柱是股市温度计。有人问:量柱都是光秃秃的柱子,既没有刻度,也没有尺度,怎么可以做温度计呢?

量学给量柱设定了客观科学的公允刻度,同时,也给价柱设定了客观科学的公允刻度,有了这一套公允刻度,量柱就有了客观科学的标准和标尺,就真正具备了测市功能。

第一节 量柱的刻度及其测市测庄的规律

运用这个标准和标尺,量柱就能客观公允地预测股市,甚至可以预测出股票背后那个主力或庄家的实力、能力及操盘意图,还可以根据主力或庄家的行为轨迹,测出这个主力或庄家是强庄还是弱庄,是精庄还是狡庄。

请看图 5-1 所示量学的"量柱 3121 标尺"及其刻度标准。

图 5-1 中有两幅图。左边是传统证券走势图,传统观念只有开盘价、收盘价、最高价、最低价 4 个要素,而量柱则是光秃秃的,什么也没有。也就是说,传统理论的量柱和价柱上没有任何刻度,而我们的量学填补了这个空白。

图 5-1 的右边是量学的量柱 3121 标尺及其刻度标准,其基本原理是,将量柱或价柱的柱体看作一根标杆,标杆的二分之一处为"21 位"(即中分位),标杆的三分之一位(即 31 位)有"上 31 位、下 31 位"(也称三分位),于是,任何一根量柱或价柱上面就有了 7 个刻度即 7 个穴位。

用量学看盘,应看到价柱上有"上 31 位、中 21 位、下 31 位"连同开盘价位、收盘价位、最高价位、最低价位这 7 个穴位。

第 5 章　伏击涨停的标尺——测庄七穴位

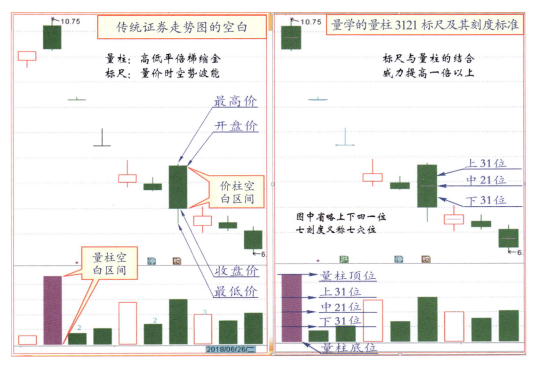

图 5-1　量学的量柱 3121 标尺及其刻度标准

用量学看盘，应看到量柱上有量柱顶位、上 31 位、中 21 位、下 31 位、量柱底位，再加上上下两个 41 位，也是 7 个穴位。

经过大量数据测算，量柱的底位和上下 41 位意义不大，31 位和 21 位特别重要，为了强调其重要性，量学将其简称为 3121 标尺，使用 3121 标尺判势选股的方法，简称"3121 战法"。

第二节　"量柱 3121 标尺"的标准和用法

"量柱 3121 标尺"是量学的首创，是股票研判史上的一个重大创新。因为前人在研究量柱时，从来没有对量柱的高度进行过量化分析，唯有量柱 3121 标尺将量柱按比例量化、细化、明确化，并能应用这根标尺，衡量出每只股票后面庄家或主力的实力、意图和手法。

量柱顶位：是量化某根量柱属于什么量形的标杆。量柱形态的"高低平倍梯缩金"都由"量柱顶位"来决定，所以，"量柱顶位"是量化、区别和划分所有量柱

43

形态的标尺和标准。

缩量31：是衡量主力或庄家控盘较好的标准。大家知道，每根量柱都是卖出来的，走势中突然缩量31，肯定是主力或庄家控盘良好，不愿卖货的标志。若是下跌走势中突然缩量31，肯定是主力或庄家打压股价，而他自己却很少卖货，所以下跌缩量31就是假跌；若是上涨走势中突然缩量31，肯定是主力或庄家控盘良好，意在高远，后市将有更高价位或中到大阳出现。

缩量21：是衡量主力或庄家控盘良好的标准。原理同上，下跌缩量21比下跌缩量31更凶狠，更能看出主力控盘到位，压价洗盘，而主力自己没有卖货，其下跌就是假跌，因此下跌缩量21比下跌缩量31预判假跌的效果更好，高出了一个级别。

缩量32：是衡量主力或庄家控盘很好的标准。原理同上，可预判主力或庄家控盘很好，若下跌缩量32，即可预判肯定是假跌，之后必有真涨，其预判效果比缩量21还要高出一个级别。

缩为百低：是衡量主力或庄家控盘极好的标准。原理同上，其预判效果最好，这是主力利用"休克疗法"试探市场底部的最佳手段，一般情况下，缩为百低（百日低量的简称）之后，底部就不远了；特殊情况下，有些贪婪的主力往往会在百低之后再出百低，甚至出现3次或5次百低，形成百日低量群之后，才会拔地而起。

位置决定性质。"缩量××"出现在不同的位置，会有不同的意义。例如，若价柱在低位悬空（没有他平衡、自平衡支撑），即使出现缩量3121，也难引发中到大阳；相反，若价柱在高位触底（具有他平衡、自平衡支撑），一旦出现缩量3121，也能引发中到大阳。我们要根据具体情况具体分析，才能找到合适的伏击圈。

请看图5-2所示案例。

如图5-2所示，ABC三处缩量31假跌，假跌必有真涨，可以预判日后一旦反弹，第一目标位将打到A价柱实顶处。

D柱：缩量21，且缩为百日低量（简称百低），说明主力控盘很好，底部近在眼前，此后横盘5天，长腿破底测底后，E柱缩量31站到左阳长腿柱的实底之上，说明反弹即将来临，此后果然连续向上。

F柱：长阴短柱精准回踩左阳实底，此后再度大涨，因为第三级涨势凌厉，必然强势洗盘，G柱再次缩量31，清洗跟风筹码。

H柱：缩量31，收在昨日长阴短柱实底上方，有探底成功之象，次日I柱小倍阳过阴半，"倍阳过阴半，进入伏击圈"，次日（2019年9月20日周五），该股逆市涨停。

第 5 章　伏击涨停的标尺——测庄七穴位

图 5-2　鹏翎股份 2019 年 9 月 20 日留影

验证：本例截图次日（2019 年 9 月 23 日周一），大盘大跌 40 多点，该股却再度逆市涨停。再次日（2019 年 9 月 24 日周二），大盘低开高走收假阳真阴，该股再度逆市涨停。

由此可见，量柱 3121 标尺，能科学准确地度量主力行为和庄家实力，并根据主力行为和庄家实力来预判其股票未来走势。从这个意义上讲，量学看盘选股，不是选股，而是选人，就是选有实力、有潜力的庄家和主力。

第三节　"价柱 3121 标尺"的标准和用法

"价柱 3121 标尺"的出现，是股票市场研判史上的一个重大创新。根据"价柱 3121 标尺"，我们可以准确度量主力和庄家的实力和能力，度量主力和庄家每一个达标动作后面的方向和趋势。

例如，股价从上往下运行时，运用价柱 3121 标尺判势（以阳度阴），通常以左侧中到大阳为基柱来研判，有时，小到中阳也能作出预判：

45

上 31 位：强势位，股价从上往下不破上 31 位，看涨；

中 21 位：平衡位，股价从上往下不破中 21 位，看平；

下 31 位：弱势位，股价从上往下跌破下 31 位，看跌。

请看图 5-3 所示案例。

图 5-3　智光电气 2019 年 9 月 23 日留影

如图 5-3 所示：

A 柱：不破左阳上 31 位，预判大涨，次日果然大涨；

B 柱：不破左阳中 21 位，预判看涨，次日果然大涨；

C 柱：跌破左阳中 21 位，预判看跌，次日果然下跌；

D 柱：跌破左阳的实底，预判大跌，次日果然大跌；

E 柱：不破左阳上 31 位，预判大涨，次日果然大涨；

F 柱：不破左阳上 31 位，应该大涨，3 天后二连阳大涨；

G 柱：不破左阳中 21 位，预判该涨，次日果然大涨；

H 柱：不破左阳上 31 位，预判大涨，次日果然大涨；

I 柱：不破左阳上 31 位，预判大涨，次日果然大涨；

J 柱：不破左阳上 31 位，预判大涨，次日果然大涨；

K 柱：跌破左阳 21 位，看跌，当日大跌，触底后横盘；

L 柱：突破左阴 21 位，看涨，次日逆市涨停。

用"价柱 3121 标尺"测市，有两种类型：

一是"以阳度阴"测市法。图 5-3 中的 A～K 柱都是"以阳度阴"，即以左侧的中到大阳柱为基柱，度量左侧阴柱所处的位置，来预判此后走势。

二是"以阴度阳"测市法。图 5-3 中的 L 柱，则是"以阴度阳"，即以左侧的中到大阴柱为基柱，度量右侧阳柱所处的位置，来预判此后走势。

无论"以阳度阴"还是"以阴度阳"，二者的基本原理是一样的，大家可以找来任意案例进行预判。如果将"量柱 3121 标尺"和"价柱 3121 标尺"结合起来使用，效果就更好了。

第四节　"量价 3121 标尺"的标准和用法

以上讲的是"量柱 3121 标尺"和"价柱 3121 标尺"，实际看盘操盘过程中，将二者结合起来综合运用，其研判效果和研判质量将大幅提高。

请看图 5-4 所示案例。

图 5-4　天神娱乐 2019 年 9 月 23 日留影

如图5-4所示：

A柱：连续3天探底缩为百低，看涨，次日果然涨停；

B柱：缩量下跌不破左阳31，看涨，次日果然跳空向上；

C柱：高开低走破左阳21，看跌，次日果然大幅下跌；

D柱：低开高走不过左阴下31，看跌，次日果然大跌；

E柱：缩为百日低量探底，看涨，此后连续3天大涨；

F柱：缩量31下跌不破左阳上31，看涨，次日跳空上涨；

G柱：缩量31下跌未破左阳21，看涨，次日跳空大涨；

H、I柱：缩量31下跌未破左阳21，看涨，次日均是涨停。

（注：2019年9月23日周一，受特朗普扬言对中国输美商品征收100%的关税，大盘跳空大跌46点，我们北大量学特训班和量学云讲堂基训班的学员们周五尾盘擒拿的天神娱乐却逆市涨停，真是大快人心！）

有了量价3121标尺，没有标尺的量柱仿佛有了标尺；没有生命的量柱仿佛有了生命；有了量价3121标尺，我们就能从右侧的走势与左侧的量价对应关系中，准确研判出其后的走势。

以上案例，只是一般性正常状态，成功率在80%左右。一旦发现反常状态，我们就要反向操作。例如天神娱乐的走势中，A柱右侧第3天缩量三一创新高，次日应该看涨，但实际却大跌，这是量柱测市判断失误吗？不是！这是证监会立案调查突发事件引发的大跌。

碰到这种反常状态，我们就要反向操作，A柱后第5～7天连续3天缩量31，属于极阴，第8天价过第7天极阴21位，就是极阴次阳伏击圈，我们用"缩量探底"的"极阴次阳战法"来对付，就能伏击一个涨停板。为了防止出现意外，我们必须遵循量学的"辩证操盘法则"，初学者切勿套用或滥用，必须在实践中多多体会，掌握其精髓之后方能实盘。

第五节　"量学3121标尺"的全天候功能

"量学3121标尺"不仅可以在日象中运用，还可在周象、月象、年象、时象等周期中运用，总之，可以在"量、价、时、空、势、波、能"这7种环境下全方位运用（见北大量学特训班的教材）。许多参加过北大量学特训班的学员都说："量学3121战法"是一种全方位、全天候、全功能的战法，只要学好了"量学3121战法"，完全可以驰骋股市，遨游股海，成为一名机智过人的股市特种兵。

请看图5-5所示案例。

这是"量学3121标尺"在波段中运用的经典案例。量学将一个波段视为一个单元，这个单元的"3121"位置，就是"量学3121标尺"判势的节点。

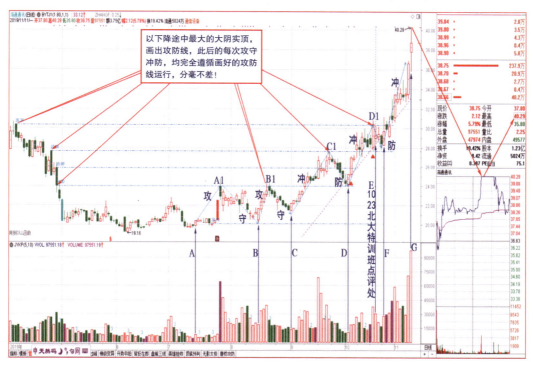

图5-5　瀛通通讯2019年11月11日留影

图5-5瀛通通讯是王子老师于2019年10月23日（见E柱）在北大特训班讲解的一只"进入攻守冲防强二波"的股票。量学将上涨行情归纳为"攻守冲防"四段即四个节奏，一旦出现节奏缺失，将完整的"攻守冲防"变成了"冲防冲防"，就意味着进入了主升段。

该股A-A1为攻（不过左侧实顶为攻），A1-B为守（不破左侧凹底为守）；B-B1为攻（未过左峰A1），B1-C为守（回落至B-B1段21附近，幅度开始变化）。

C-C1为冲（突破左峰B1为冲），C1-D为防（不破C-C1段21位）；D-D1为冲（过左峰C1），D1-F为防（不破左峰C1，回踩D-D1段31位），强势上攻已经显现。

其攻守冲防的幅度，由回踩21下方（见C柱），到回踩21上方（见D柱），

49

再到回踩 31 上方（见 F 柱），底部逐步抬高，节奏逐步加快，所以判定其即将进入主升。

特训课结束后第二周的周一即 2019 年 11 月 11 日，A 股大跌 54 点，盘中最低下探至 2906 点，差 4 个点就跌破 2902 阶段实底，但是该股却逆市大涨，午后封于涨停，尾盘打开涨停，依然收涨 5.79%。

这就是"量学 3121 标尺"在日象波段中的运用。它还可以运用于周象、月象、年象、时象中，是一种全方位、全天候、全功能的战法。许多学员希望王子老师将"量学 3121 战法"编写成一本书，但目前王子老师的日程安排很满（每天要用 4 小时看盘操盘，再用 4 小时写收评和预报，还要用 4 小时指导量学特训和基训），等有了空闲，一定编写《量学 3121 战法》，奉献给大家。

第6章
伏击涨停的法宝
——股市三规律

前面的案例告诉我们,"伏击涨停"的成功主要源于量柱。量柱为什么能帮我们"预测涨停",并帮我们"伏击涨停"呢?因为量柱里面隐藏着庄家和主力的全部信息。

第一节 量柱的三大特性

从形式上看,量柱就是走势图下方那些参差不齐、红绿相间的柱状体,是实际成交状况全过程的真实记录,是未经人工修饰的、实实在在的量价结合体。成交量大它就高,成交量小它就低,股价涨了它就红,股价跌了它就绿。所以,**原生性是它的天性**。

从内容上看,量柱就是成交量形成的记录柱,说穿了,它是用真金白银堆起来的,要想作假也必须用大量的真金白银才能奏效,一般情况下得不偿失,因此庄家和主力很少对量柱做手脚。所以,**真实性是它的个性**。

从本质上看,量柱就是买卖双方在某一时段、某一价位殊死拼搏后的暂时平衡柱,是供求双方对立统一的量价平衡体。每一根量柱,都记录着买卖双方讨价还价、你死我活的较量,它反映了股票运行的全部信息,蕴藏着股市涨落的全部奥秘。因此,它必然隐藏着股市涨跌起伏的全部规律。所以,**全息性是它的本性**。

量柱的原生性、真实性、全息性,蕴藏着丰富的有待开发的潜能,给我们的量柱战法提供了可靠的依据,这是任何一种技术指标不可替代的。我们从大量的研究中发现,量柱可以将无序的走势有序化,也可以将零散的价柱系统化,还可以将庄家的操盘思路节律化（详见《量柱擒涨停》第一讲）。

正是量柱的三大特性，铸就了量柱的三大法宝。

第二节 神奇的股市密探

"股市密探"，就是善于发现庄家或主力隐私的家伙。量柱能发现庄家或主力的隐私吗？能！

大家可看看下面这幅股票的走势图（见图6-1）。

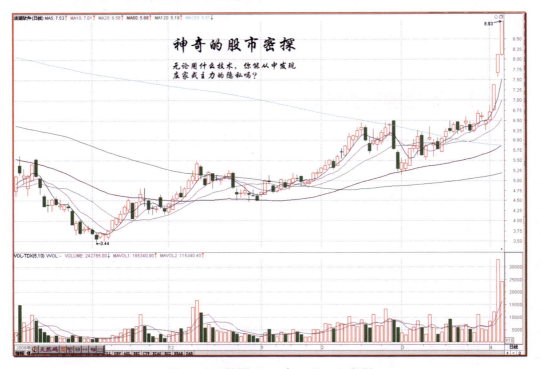

图6-1 A股票2009年4月7日留影

任何一幅股票的走势图，都会跟这幅图一样，满屏都是密密麻麻、红红绿绿、高高低低、大大小小的图形和线条，它们横七竖八、杂乱无章、忽高忽低，看上去令人眼花缭乱、昏昏欲睡、无所适从。你能从中发现庄家或主力的隐私吗？不能！

但是，我们只要在图中找出"小倍阳"，给它标出箭头和横线，这幅走势图就会发生神奇的变化，庄家或主力的隐私就会一览无余。

来看标注小倍阳后的走势图（见图6-2）。

第 6 章　伏击涨停的法宝——股市三规律

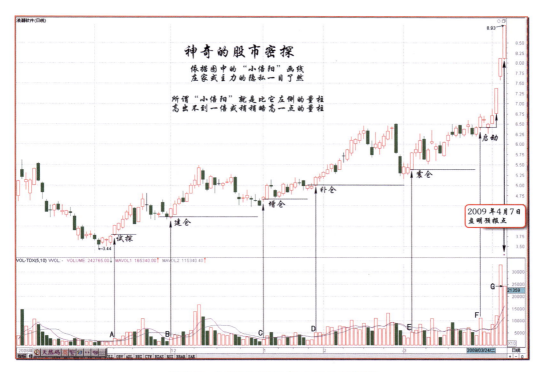

图 6-2　A 股票 2009 年 4 月 7 日留影

如图 6-2 所示，我们从左到右共找到 A～E 这 5 个"小倍阳"（当前量柱比左侧量柱高出一倍左右的阳性量柱），然后以"小倍阳"的"实底"（即开盘价）画出一条自然水平线，图面上的境况一下子就变了。就是这么一个简简单单的"小倍阳"，活像一个"密探"，它一出场，庄家或主力的隐私就暴露无遗了。在哪里建仓，在哪里加仓，在哪里洗盘，在哪里增仓，在哪里启动，在哪里拉升，显现得一清二楚。若是结合其他的量柱形态呢？其威力不是更加惊人吗？

正是从这种意义上讲，量柱就是股市密探。按照这幅图的指引，凡是在**"小倍阳"**出现的当日介入，你就不会有被套牢的风险；若是结合"两句话"适时抛出，你会吃足 5 个波段的利润。

炒股，还有比这更轻松的吗？不看任何技术指标，不听任何内幕消息，只看量柱的高低红绿，该进就进，该出就出，一进就涨，一出就跌，这是多么轻松惬意的事啊！更让人惬意的是，按照量柱方法炒股，一不小心，你就会擒到涨停板，而且是涨停接着涨停。

你信不信？不信？那就来看看量柱里藏着的操盘密码吧！

第三节　神奇的操盘密码

所谓"操盘密码",就是比"两句话"更加精准的买卖信号。

对于图 6-2 这幅画了线的走势图,也许有人会说,这不就是在图上画线吗?有什么了不起的,我在任何一幅走势图上都能画出这样的道道,逢低就买,逢高就卖。当然,作为事后诸葛亮,谁都可以看出哪里低、哪里高,可是在 2009 年 4 月 7 日,上面这只股票从 3.44 元涨到了 8.93 元,涨了近 2 倍,你说,是该买还是该卖呢?

一般人肯定不好回答。事后诸葛亮也许会棋高一着地说:赚了就跑呗!哈哈,赚了就跑,的确不错。但是,量柱的操盘密码告诉我们:"**缩量涨停,必创新高**",正是买入的最好时机!并且,其目标位至少要涨到 16 元。你信不信?我们这个预测当晚(2009 年 4 月 7 日)即发到了股海明灯论坛上,许多网友参与了验证。

谁有这样的底气?掌握了"量柱操盘密码"的人都有这样的底气!目前在股海明灯论坛上参与"伏击涨停人民战争"的网友,每天都有这样的涨停预报。

下面来看图 6-3 这只股票预报后的走势。

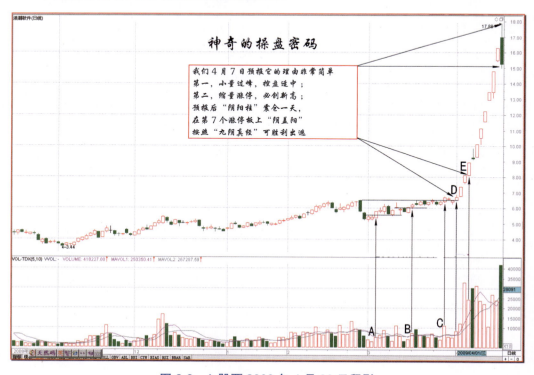

图 6-3　A 股票 2009 年 4 月 20 日留影

这是该股票当年 4 月 20 日的走势图。如图 6-3 所示，E 点是我们的预报日。该股在 4 月 7 日预报当天涨停，次日"假阴真阳"缩量微涨，仅用一天震仓洗盘，然后连拉 6 个涨停板。凡是在股海明灯论坛参与验证的朋友，无不拍手叫好，惊呼"操盘密码"帮我们创造了奇迹。

这是什么"操盘密码"呢？难道就只是"缩量涨停"吗？不是。现在让我们揭开这只股票的庐山真面目吧，它就是 600756 浪潮软件。

先看图中 A、B、D 这 3 根量柱，都是"小倍阳"，它们比其左侧的量柱"高出不到一倍"，其对应的价柱却上升了一个台阶，这叫"小倍阳搭台"。

如果我们以 D 柱的实底画一条水平线，刚好与其左侧的"大阴实顶"持平，显然 D 柱是"小倍阳踩顶"；而 C 柱，明显是"双倍阳过顶"。

以上这些都是"涨停基因"，当"涨停基因"按某种规律组合，就成了"涨停密码"；E 点是我们发布预报的日子，当时发现该股有"A 小倍阳搭台"+"C 双倍阳过顶"+"D 小倍阳踩顶"的三重组合，又添加了"E 缩量涨停"这个基因，这么多涨停基因几乎同时出现，说明主力控盘很好，意在高远。于是，我们以 E 柱的实底 8.08 元预测其涨幅将会翻番，达到 16.16 元左右（测幅方法详见《量柱擒涨停》），此后验证，该股有效最高价为 16.28 元，与预测基本吻合。

有许多网友实盘参与了该股，但事后统计，一般都只是吃了一两个涨停板，先后获利出局。最多的一位网友吃了 4 个涨停板，漏掉了 3 个。能不能吃足吃够这 7 个涨停板呢？能！只要用"暗箱密钥"打开庄家或主力的暗箱，这 7 个涨停板，一个都不会少。

第四节　神奇的暗箱密钥

关于预报和伏击上面这只股票的事，一时传为佳话。事后有人问，预报这只股票时，它的价位已从 3.44 元涨到了 8.93 元，它的形态已迭创新高，就像"武汉有座黄鹤楼，半截插在天里头"，当时预测它要涨停可以理解，凭什么敢于预测它还要翻番呢？

这话问得好，问到点子上了！这就是量柱里藏着的"暗箱密钥"。所谓"暗箱密钥"，就是打开主力暗箱的秘密钥匙。过去人们常说一把钥匙开一把锁，今天公安人员可以用一把钥匙打开千把锁。为什么？因为他们掌握了开锁的根本规律。无论主力的暗箱有多少，他们加锁的基本规律是一样的。掌握了造锁的基本规律，就掌握了开锁的"暗箱密钥"。

大家想知道这个"暗箱密钥"吗？想！哇，都想知道，可这是王子老师的"看家功夫"，王子老师怕"教会徒弟，饿死师傅"，不能随便讲哦。

讲吧，老师！

好吧，既然大家求知的欲望这么强烈，那王子老师就讲一讲吧。

这里要讲的"暗箱密钥"，就是"股市规律"，谁掌握了这个规律，谁就可以和公安人员一样，"一把钥匙打开千把锁"。需要提醒的是，我们所讲的股市规律，和传统的流行观点完全背道而驰，它是离经叛道的三个规律，是我们预报涨停、伏击涨停的"三大法宝"。

1. 第一规律：卖在买先——卖买平衡律

"卖在买先"是**股票的原始天性**。任何一只股票，从它诞生的那一天起就具备了"卖在买先"的特殊天分。首先必须有人卖出，才会有人买进；如果没有人卖出，你想买也买不到，除非你自卖自买，自欺欺人。

例如有这样一只股票，上市时是 1 000 万股，被 1 000 人持有，只要这 1 000 人不卖，任何人也买不到这只股票。那么，这只股票的成交量必然是零。

从这个意义上讲，任何量柱都是"卖出来的"，无卖必然无买，无卖必然无柱。这就是有些股票"无量攀升"的内在规律。请看图 6-4。

次新股的情况最能说明"卖在买先"的规律。图 6-4 的福鞍股份是一只次新股，A 柱之前无人卖出，你有再多的钱也无法买到。至 A 柱这天，量柱巨阴，肯定是有人卖出，才有人能买到。至于 A 柱是谁在买，当天无法知道；但是第二天 B 柱缩量接近三一，其对应的价柱突破 A 柱的二一位，基本可以预判 A 柱是一家或一伙有实力的主力买了；到第三天 C 柱缩量过巨阴实顶，这时完全可以确认 A 柱是一家有实力的主力买了，他在 A 柱买入这么多货，肯定是要赚钱的，要赚钱就必须拉升 4～7 个板的空间，所以我们在 C 柱介入，果然此后 7 连板；至截图日 2015 年 5 月 18 日，其量柱逐步缩小为接近最低量柱，价板量缩，主力控盘很好，可以预判其后还要上涨 4～7 个板的空间；果然，至 2015 年 5 月 27 日，该股又是 7 个缩量涨停板。这就是"卖在买先规律"的完美体现。

第 6 章　伏击涨停的法宝——股市三规律

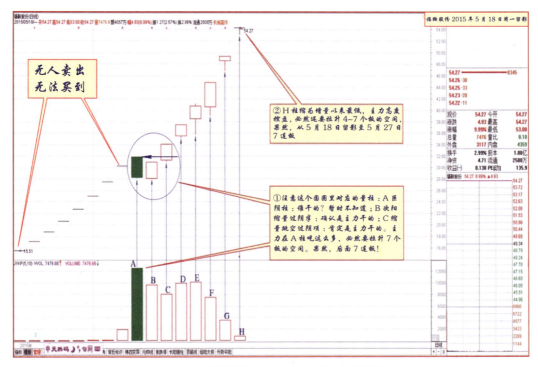

图 6-4　福鞍股份 2015 年 5 月 18 日留影

对于浪潮软件，我们当时预报的理由就是"缩量涨停，必创新高"，其后连续 6 个涨停板的原因是什么？是它连续 6 天"缩量涨停"。卖的人少，量就小，说明主力完全控盘了，于是股价必然上升。这就引出了下面的第二个规律。

2. 第二规律：价在量先——价量平衡律

"价在量先"是**股票的交易天性**。假如某只股票的发行价是 10 元，当前的市场价也是 10 元，除了急等用钱者出手兑现之外，肯定没有人愿意按 10 元卖出去。买家如果报价 11 元没有人卖，就会报价 12 元、13 元……直到"价格如意"，才会有人卖出。于是，有可能在 15 元成交 100 手，在 18 元成交 300 手，在 20 元成交 500 手。由此可见，**有价才会有量，无价必然无量**。价与量的暂时平衡，才能形成一定的量柱。

从这个意义上讲，任何股票的量柱都是特定时段特定价位的"价量平衡"标志。图 6-4 的福鞍股份和图 6-3 的浪潮软件，都是股价越高，量柱越小，说明了什么？说明主力完全控盘了，还有高价出现，于是才出现了连续 6～7 个涨停板的状况。价与量的对立统一是股市永恒的主题，**是"价在量先"的规律铸就了量柱的灵魂。**

价涨可以制造"卖的欲望"，价跌同样可以制造"卖的欲望"，谁是欲望的制造者呢？让我们来看下面的第三个规律。

57

3. 第三规律：庄在散先——主力导向律

"庄在散先"是**股票的投机天性**。"庄"指庄家、机构、大资金，"散"指散户、大户、中小投资者。在股市中，任何一个散户不可能主动地拉升和打压某只股票，只能被动地跟随和适应市场的某个价位，而价位的制造者首先是欲望的制造者，**他们在制造"投机欲望"的同时，也制造着"投机数量"。**

从这个意义上讲，量柱就是庄家的标志。任何一根量柱上都镌刻着庄家的实力、庄家的性格、庄家的意图、庄家的谋略……关键在于我们如何去把握、去分析、去看透、去适应这个庄家。

现在，和大家谈谈我们当时预报浪潮软件这只股票的思路，供大家参考。我是2009年4月3日周五上午发现它的。当时，它跳空倍量涨停，刚好位于启动段的第三天，前两天是"小梯量"过左峰，第三天（即4月3日）涨停，现在我们来看看它4月3日当天的分时图（见图6-5）。

图6-5　浪潮软件2009年4月3日分时与日象留影

如图6-5所示，左上角是该股4月3日的分时图。它有3个看点。

第一，看分时量能。下午涨停之后的量能，明显小于上午涨停之前的量能；同时，下午打开涨停之后的量能明显缩小，特别低矮。根据"卖在买先"的规律，说明涨停价无人卖，打开涨停也无人卖，肯定还有更高价出现，必然看涨！

第二，看成交明细。涨停后全是零星散户在卖，谁在买呢？肯定是主力悄悄收集筹码！根据"庄在散先"的规律，主力在涨停价大肆收购股票，为的是卖更高的价钱。所以，该股日后必涨！

第三，看次日量柱。全天的量柱比前一天缩小四分之一，明显是价涨量缩，大量惜售，目前价位不能满足持股者的欲望，根据"价在量先"的规律，该股日后必定大涨。

3个规律同时作用于这只股票，它当然要涨，并且不涨则已，一涨冲天。

实践证明，涨停板不是天上掉下来的，也不是碰运气瞎蒙的，而是有规律的。规律是可以"复遇"的。

"三先规律"就是看透庄家、衡量主力的法宝。只要我们用"三先规律"来看盘，一根根量柱都是活的，都是庄家的标尺。事实说明，量柱的"三先规律"重在这个"先"字。"先"者，"预"也，凡事预则立，不预则废，预则通，预则达，预则有先见之明。

第五节 "三先规律"的运用

浪潮软件的例子也许太典型了，是可遇而不可求的经典。现在，来看我们预报的另一个案例。请看图6-6。

我们在2012年2月16日（周三）发布了"卧底矮将军涨停趋势预报"，之后连续6个交易日都是"卧底矮将军批量涨停"，2012年2月23日（周四）又是"卧底矮将军批量涨停"，图6-6的江粉磁材就是其中的一只股票，可以说是最差劲的一只股票，我们看看它包含的"三先规律"。

图6-6中有A～F共6个卧底矮将军，其中A、E、F是小倍阳，B、C、D是量价双向阳胜阴。

先看A处左侧，根据"卖在买先"的规律，无人卖时，必然无量，其左侧长期大跌自然形成"百日低量群"。因为价位太低无人卖，所以主力把价位稍稍提升一下，A量柱就上来了，形成一根"价柱很长，量柱很矮"的"长阳矮柱"。我们就是在A柱次日（2012年1月4日周三）发布了盘前预报。

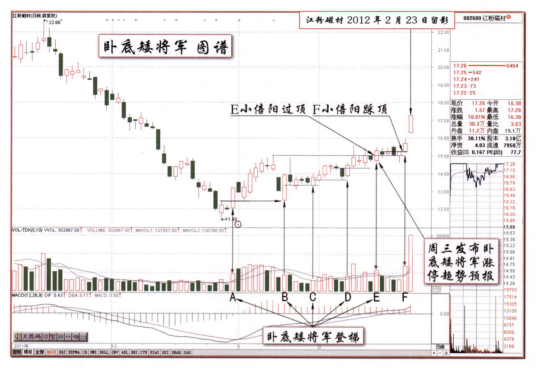

图 6-6　江粉磁材 2012 年 2 月 23 日留影

为什么发布预报？因为这根"长阳矮柱 A"是"长长的价柱对应矮矮的量柱"，股价一涨再涨，而量能不能放大，说明这个价位不能激发持股者的"卖出欲望"，必然还有更高的价位等着。于是，此后果然连拉五阳，回调 1 天后，B 处又是一根"长阳矮柱"。

B 柱比 A 柱的质量更好，因为其价柱更长，量柱更矮。说明了什么？根据"价在量先"的规律，说明价格涨了，量能缩了，后面必然还要"涨价"。

谁才能主导股票价格？"庄在散先"，只有庄家才能主导股价。这时你看 C、D、E 这 3 处，步步台阶，E 是小倍阳过顶，F 是小倍阳踩顶，都是庄家的主动行为，2012 年 2 月 23 日（周四）该股跳空涨停就是最好的注释。

目前江粉磁材的这个阵势和浪潮软件几乎如出一辙。但是，江粉磁材的铺垫没有浪潮软件扎实（原因详见后面的将军柱和黄金柱的相关内容），其涨幅必然赶不上浪潮软件。

本书讲解的股票，都是截图发表在《红周刊》上的实例，黑字印在白纸上，谁也不能篡改它，它们为什么能涨停连涨停？原因就在于我们是遵循"三先规律"选出的股票，其实用性、前瞻性、有效性不容置疑（当然，由于研判的失误，也会出现例外，后面将有专章讲述失败的原因）。

再看江南红箭在2012年2月18日《红周刊》截图点评"临界点"之后的走势（见图6-7）。

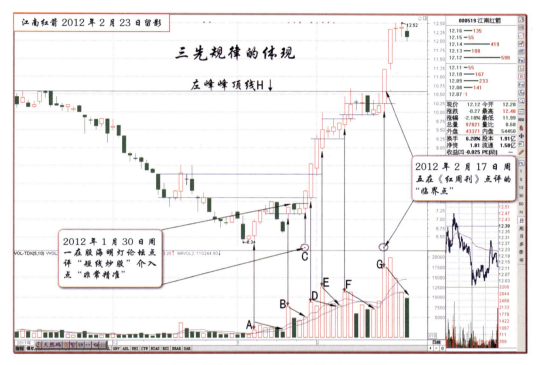

图6-7 江南红箭2012年2月23日留影

图6-7中左侧小圆点C是王子老师在股海明灯论坛的点评日，图中右侧小圆点G是王子老师在《红周刊》的点评日，两次点评后，都有可观的涨幅，其奥秘就在于"三先规律"的运用。

先看C点：这是在左侧一路大跌之后，出现一个"小倍阳"A，根据"庄在散先"的规律，肯定是庄家所为；然后又出现一个"四倍阳"B，还是庄家所为。他为什么要拉出A、B两根倍量柱？

因为A前是"百日低量群"，跌无可跌，根据"卖在买先"的规律，没有人"卖"了，可见跌到阶段性底部了；正因为"无人愿卖"，所以要适当提高"价位"，这叫"价在量先"。注意：A柱是"长阳矮柱"，即"价位升了许多"，而"量柱没有放大"，显然这里是试盘。

试盘成功之后，便在B柱用"四倍阳"建仓。此后价平量缩，可见又是"无人愿卖"，只有"涨价"，于是到C柱时，一根不足小倍阳的量柱便轻松过其最近的左峰，说明此处又是"价在量先，拉高建仓"，此后必有更高的价位出现。

正是在 C 点，王子老师在股海明灯论坛点评了"短线炒股"网友的介入点非常精准，刚刚在过其左侧阴柱实顶时介入，果然，此后连续九连阳，第九阳是一根"阴阳柱"，我们再次点评了它，并于 2012 年 2 月 17 日在《红周刊》截图点评了这个"临界点"。为什么？还是"三先规律"在起作用。

请看图中的 A、B、D、E、F、G 这 6 根量柱，每根量柱后面都是缩量的，也就是说，每次拉高后"卖者减少"，只好"涨价而沽"，这背后的主角都是庄家，他们这么迫不及待地"频繁涨价"目的是什么？肯定是筹码在握，志在高远，更高的价位就这样被"三先规律"提前发现了。

事实说明：

"卖在买先"的规律拨乱反正，让我们找到了 <u>量的源头</u>；

"价在量先"的规律返璞归真，让我们看见了 <u>价的推手</u>；

"庄在散先"的规律主次分明，让我们掌握了 <u>势的动力</u>。

弄懂了这 3 个规律，再来看股票的运行，你就会像看赵本山的小品一样轻松惬意，突然发现自己变成股市的裁判或看客了。你会发现，庄家或主力总是在做游戏，他们游戏股市、玩弄散户、互相倾轧、互相欺骗，他们有成功也有失败，他们是股市的血液和动力，也是股市的魔鬼和巫师。当然，他们有时更是送钱的财神和天使。

"三先规律"就是帮助我们选择财神、迎接天使的理论。

"三先规律"就是帮助我们伏击涨停、创造奇迹的阶梯。

第7章
伏击涨停的眼光
——股市探宝仪

第一节 "眼光"的"透视性"

上周末,笔者和几个朋友专程去一个朋友家里寻找"眼光的故事",我们和朋友家的小孩做了一个小小的游戏。

我们给小孩带去了3件礼物,让他选择一件最有价值的东西,选中什么就送他什么。这3件礼物的价值从高到低是:一块劳力士金表、一根金条、一部手机。

小孩的母亲让他选金条,小孩的父亲让他选手表,小孩自己选的是手机。

从价值的角度讲,小孩父亲的选择是正确的。为什么只有他的父亲选出了最有价值的东西?这就是"眼光"的问题。

这个故事告诉我们:眼光是看不见摸不着的一种能力,是可以透过事物的表象看到其实际价值的能力。这就是眼光的"透视性"。

对于同样一只股票,有人看了觉得应该买,有人看了觉得应该卖。这就是眼光在起作用。

大家都知道,黄金是个好东西,特别是在金融危机到来的时候,黄金成了最佳避险工具,人们争相抢购,可是金融大鳄索罗斯却在人们疯抢购黄金的时候加速减仓,就在他减仓99%的时候(2013年4月12日),国际金价大跌,创30年以来最大单日跌幅,他净赚了10亿美元。

由此可见,眼光的能力是相当惊人的,它可以让人规避风险赚取财富,还可以助人创造奇迹走向辉煌。

眼光是一切行为的起点,也是伏击涨停的起点。不同的眼光决定伏击涨停的成败。如果想要伏击涨停,首先必须具备"伏击涨停的眼光",否则一切都是空谈。

第二节 "眼光"的"折射性"

　　一般人看问题、看股票,其眼光是"直射的",也就是说,他看股票的眼光"不会转弯"。请大家看看如图 7-1 所示的这只股票。

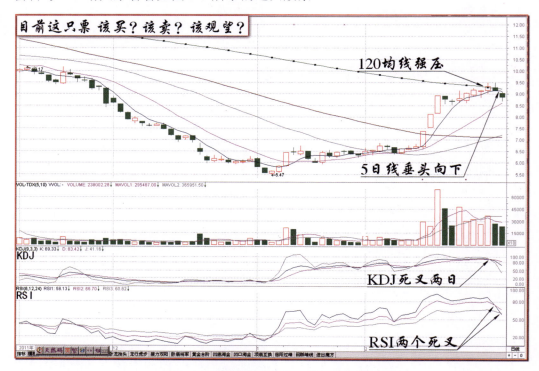

图 7-1　A 股票 2012 年 2 月 28 日留影

　　大家看看,这只股票是该买,该卖,还是该观望?

　　有人说它受到 120 均线的强压,5 日均线也垂头向下,KDJ 死叉两日,RSI 也出现两个死叉,"垂头丧气,大势已去",无论怎么看,都应该卖出。

　　但是,我们来看上述股票次日(即 2012 年 2 月 29 日周三)的走势图(见图 7-2)。

　　呵!眼睛一眨,母鸡变鸭。

　　昨天怎么看它都是要大跌的股票,今天却逆市涨停了。这只股票就是"庞大集团"。我们曾经两次点评过这只股票。第一次是 2012 年 2 月 13 日收盘后在成都特训班的实盘点评(见图中 D 柱),点评后连续两个涨停。后来我们于 2012 年 2 月 21 日在股海明灯论坛上再次补充点评了它(见图中 F 柱)。预报后第六天才涨停。

第7章 伏击涨停的眼光——股市探宝仪

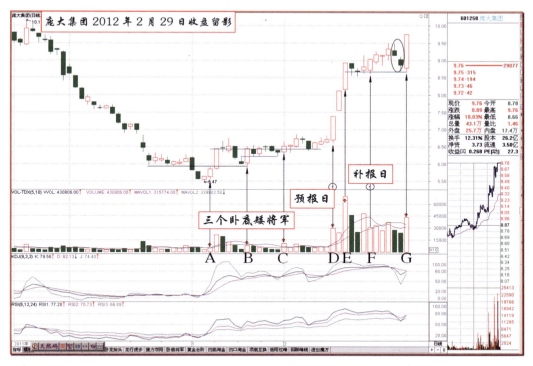

图 7-2　A 股票（庞大集团）2012 年 2 月 29 日收盘留影

为什么要预报它呢？

首先，图中 A、B、C 这 3 个小倍量柱是 3 个"卧底矮将军"，D 柱左侧是连续 4 个低量平量柱，D 柱 3 倍量拉升，轻松过其左侧小峰，显然是主力控盘良好，蓄意上攻，所以我们在 D 柱预报了它。这就是透过量柱看到主力控盘的力度。为什么能透过 D 柱左侧的四平量柱看到主力控盘良好？关键是眼光转弯，看到它的左侧还有 3 个"卧底矮将军"。

E 柱也是 3 倍量柱，此后 3 天横盘，最低收盘价不到 E 柱的三分之一处，且第三天是小倍阳柱，所以我们在 F 柱再次点评了它。点评后的 3 天，价升量稳，是很好的形态。

但是，第四天、第五天连续两个跳空下跌，非常吓人。然而，其跳空下跌的最低点刚好与 F 柱的实底持平，量柱逐步缩小，这就是我们常说的"双阴跳空，缩量洗盘"形态，这种形态后面，往往有中到大阳出现。

这时的眼光就是"向右转弯"。

果然，双阴洗盘的次日（G 柱）小倍阳涨停。

面对这只股票，股海明灯论坛上有 12 位同学提前预报并伏击了它，有 3 位同学在 2 月 29 日第三次跳空低开的时候将它抛弃了。真是"三日跳空，抛出就冲"。

同样一只股票,有人卖出,有人买入,这就是眼光的问题。

为什么有人看到这只股票要涨?因为他的眼光"会转弯",他从量柱和价柱的结合,看到了这只股票后面庄家的计划和动作。

为什么有人看到这只股票要跌?因为他的眼光"不转弯",只看到了跳空这个动作,没有看到量柱的收缩后面隐藏着拉升的图谋。

由此可见,眼光是事业的起点,是财富的源头,也是我们"伏击涨停"的起点。如果你没有"伏击涨停的眼光",就是"即将涨停的股票"摆在你的面前,你也可能看不到。

当然,没有伏击涨停的眼光,你就根本不会相信别人能够伏击涨停。

第三节 "眼光"的"双向性"

所谓"双向性",就是眼光投射出去,还要反射回来。眼光的双向性告诉我们:你的眼光决定了你能吸收什么样的营养。眼光不到位,金子放到你的眼前也会被当成黄土。为什么有的人越学越糊涂?就是他的眼光只有投射性,没有吸纳性,或者说只有吸纳没有消化。

吸纳并消化了,才有营养。看到了好的东西,就学习;看到不好的东西,就抛弃,这样不断地"投射→返回→投射→返回",形成良性循环,就能不断提高眼光的质量,提升眼光的品位。看到投资价值高的股票,就能入眼;看到投资价值低的股票,就能放弃。

这个"双向循环"的过程,就是学习与提高的过程。前提是"学习",结果就是"提高"。如果不善于学习,就不可能提高。

为什么有的同学能天天进步?就是因为他天天在吸收好的东西,他能把好的案例和好的图形印在脑子里,下次再看到这种图形时,他就能产生条件反射,提前发现机会。相反,有的人抱残守缺、墨守成规,他就永远只能停留在过去的水平。

古人曾经说:熟读唐诗三百首,不会写诗也会吟。

今天我们说:熟识案例三百个,不会炒股也会捉。

哈哈,一不小心就能捉到一个涨停板。

下面来看图 7-3 所示的一个案例。

这只股票的形态非常险恶。一根大阴吞掉了11天的涨幅,从均线上看,已是5日线与10日线死叉的第四天;从MACD(平滑异同移动平均线,下同)上看,也是形成死叉的第三天;从KDJ(随机指标,下同)上看,已是死叉第9天。可以说"险象环生,岌岌可危"。

图 7-3　B 股票 2011 年 9 月 6 日留影

面对这样的股票,你该怎么办?据我们在特训课上的现场调查,有七成学员要卖,有两成学员要看,仅有一成学员要买。

事实如何呢?

来看该股票次日的走势(见图7-4)。

如图 7-4 所示,该股票在"险象环生、岌岌可危"的次日却涨停了。为什么?来看图中的 A、B、C 这 3 个符号,A、B 是两个涨停板,A、B 之间缩倍量洗盘后涨停,这是典型的"缩量双阴洗盘"。再看 B、C 之间,一连串的"长阴短柱洗盘",且有两组"缩量双阴洗盘",C 柱的前后是"倍量伸缩异动",特别是 C 柱次日,典型的"长阴短柱"精准回踩凹间峰。如果我们学习过上述一系列涨停基因,在我们的头脑中存有类似的图像,当昨天看到这只股票时,就会条件反射,将其纳入我们的股票池进行观察。当它今天跳空高开,并且精准对应左侧第二防线时,我们就能及时精确扣动扳机,将它擒拿归案了。

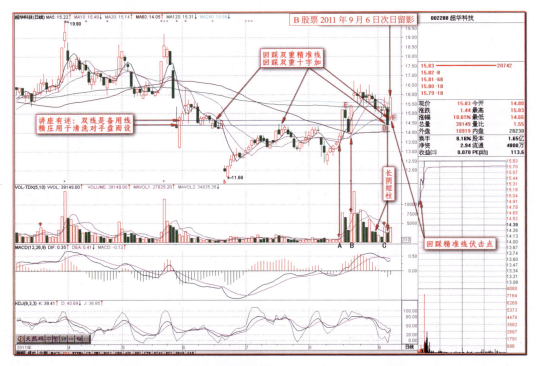

图 7-4　B 股票（超华科技）2011 年 9 月 7 日留影

第四节　"眼光"的"继承性"

所谓继承性，就是继往开来。你只有学习了优秀的案例、掌握了优秀的方法，你的眼光才能看到别人看不到的东西。反之，你的脑子里学习的都是些过时的东西，那么你所看到的也只能是过时的东西。

我常常听到这样的议论：为什么他能抓住伏击涨停的机会，我就办不到呢？原因就是你学习的优秀的东西太少了，脑子里原来的那些无用的东西阻碍了你的眼光，所以，你的眼光就必然要比别人迟钝。

让我们来看图 7-5 所示的这个案例。

如图 7-5 所示，这只股票当前的位置是一个带有长下影线的大阴柱，用传统的均线、K 线、MACD、KDJ 等技术眼光来看，它都处于非常危险的境地。如果我们换一种眼光，用量学的眼光来看，情况就大不一样了。

第 7 章 伏击涨停的眼光——股市探宝仪

图 7-5　C 股票 2011 年 9 月 6 日留影

首先，当前最近 3 天的量柱是典型的"倍量伸缩"形态。

其次，当前最近两天的价柱是典型的"双剑霸天地"形态。

最后，当前最近一天的价柱是典型的"长腿踩线"形态，若以其最低点画水平线，刚好与其左侧的大阴线的实底无缝重合。

以上 3 个要点的组合是典型的洗盘结束即将大幅拉升的前兆。如果我们头脑中记住上述要点，就会在下影线收缩过其左侧"缺口"上方时，及时扣动扳机了。

来看该股票次日的走势（见图 7-6）。

如图 7-6 所示，我们在图中标注了 A、B、C、D 这 4 根关键量柱。

A 柱之前（指左侧）是"百日低量群"，A 柱自身是"卧底矮将军"，如果我们掌握了"十二字令"，在 A 柱"阳胜进"，就可以吃到九连阳，直到第 10 天"阴胜出"，此后很难有机会再进去。

再看 D 柱的前 3 天，是典型的"倍量伸缩+长阴短柱"，同时 D 柱是"长腿踩线+三点精准"，形成了"一柱多因"的涨停前奏。

如果我们头脑中存储了上述涨停知识，在昨天看到这幅图时，就能做好准备；在今天"阳胜阴"处，就能果断介入。

图 7-6　C 股票（金正大）2011 年 9 月 7 日留影

第五节　"眼光"的"自闭性"

所谓自闭性，就是"自我封闭"，视而不见。

这是世人最大的一种通病。只要你是人，你就必然会有"自闭性"，即使你自认是开放型人才，兼收并蓄型人才，你也会犯"自闭性"错误。笔者就经常犯"自闭性"的错误。下面这个案例（见图 7-7）就是笔者亲身经历的。

因为有了前面讲过的案例，大家一看到这只股票就知道它次日会有好的表现，可是笔者呢，当时的眼光就自闭了，总以为还有往下探底的可能。结果，它第 2 天涨停了。

图 7-8 是这只股票次日的走势。

笔者为什么会犯"自闭性"错误呢？说穿了，"自闭性"就是一种惰性，它制造"盲点"以遮蔽"眼光"。具体来说，"自闭"有以下 3 种表现形式。

第一是"情感盲点"。自己学过的东西，总以为是最好的。当有一种新东西出现时，要么不接受，要么不习惯，并且总会找到拒绝接受的理由。例如，有些人用惯了传统技术，量学理论再好他也不接受。有的人对自己手中的股票有一种天生的偏爱，即使它走坏了，还幻想着它会走好。

第二是"视觉盲点"。有时候，当固有的经典图形无法与当前图形对应时，我们便会与涨停板擦肩而过；或者是当前图形与脑中图形有哪怕一丁点儿的区别或变化，你总是相信经验而轻视眼前，于是看着它涨停了，你还不敢相信自己的眼睛。这就是重视图形而忽视制造图形后面的人。

第三是"时间盲点"。人的时间是有限的，而面对的事物是无穷的，特别是股票市场，几千只股票在不停地变化着，你不可能将它们全部纳入视野。你往往会因为浏览其他的股票而错过了正在涨停中的股票。当你看到它时，它可能已经扬长而去。你只好拍一下脑门，大叫"过了这个村，没有这个店"。

眼光的自闭性，往往使我们忽视、轻视、无视、藐视最重要的东西。为什么有些新手能看懂的股票，有些高手却看不懂，原因就是"自闭性"遮蔽了高手的眼光。有时候，王子老师预报的股票有些读者看不懂，但它就是能涨停；有时候，许多新手预报的股票王子老师却怎么也看不懂，可它还是能涨停。根本原因就是按图索骥、刻舟求剑，忽视了时过境迁、与时俱进。

图 7-7　D 股票 2011 年 9 月 6 日留影

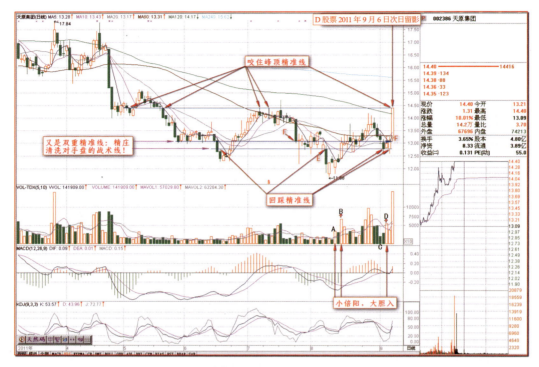

图 7-8　D 股票（天原集团）2011 年 9 月 7 日留影

许多事实证明，越是高手越容易犯"自闭性"错误，新手反而很少自闭。这就是我们很多新手能够经常伏击涨停，而经验丰富者却经常错过涨停的重要原因。打破自闭的唯一方法就是解放思想、与时创新、不断学习、探索前进。

本章图 7-1 至图 7-8 的 8 幅图片是非常宝贵的。

有人说："看懂八幅图，享受这一生。"其中的奥秘都在图片上，只要你前后对照，仔细研读，定会有常读常新的感觉。你的眼光将从这 8 幅图片的对比研读中，得到质的提升和飞跃。

2013 年国庆节前的最后两个交易日，笔者又发现了一批类似上述现象的股票，将它们留影后在北京电视台财经频道做了 3 场演讲，大家可以把海博股份、亚盛集团、浪潮软件这 3 只股票 2013 年 9 月 27 日的形态调出来看看，对照这 3 只股票次日的走势，你的眼光一定大有长进。

当然，要想真正提升你的眼光，必须在"科学"二字上下功夫。

如何提升眼光的科学性，如何提升眼光的穿透力，就是我们下一章将要介绍的内容。

第8章
伏击涨停的王牌
——涨停起搏器

　　什么是"王牌"？王牌就是战场上能压倒一切的那张好牌。以"斗地主"为例，它可以是"大王"，也可以是"小王"，还可以是"炸弹"。"斗地主"时，你只有一张"小王"还不行，至少还得有一张"大王"，如果再加一个"炸弹"，你就可以随心所欲，纵横驰骋，击垮对手。当然，如果你出牌失误，王牌也就成了废牌。股市也是如此。

　　人常说，股场就是战场。"大江东去，浪淘尽，千古风流人物。"《三国演义》中战将如云，能给人留下印象的人物有几个？无非关羽、张飞、赵云、马超、黄忠，他们都是独当一面的栋梁。危急关头，他们总能反败为胜，但是他们往往缺少继往开来的功夫，只有诸葛亮才能扭转乾坤、继往开来。打开任何一只股票，数不尽的量柱中间，真正起作用的，也就那么几根关键之柱，他们就是股市王牌——将军柱、黄金柱和元帅柱。

　　如何准确找到这些王牌呢？《伏击涨停》一书中有详细的讲解，但判定比较复杂，判定标准和判定条件也比较烦琐，读者反映不好把握。为了方便读者学习和使用，这次的修订版简化为采用"一线判定法"来确认王牌，北大特训班的同学们多次实践，认为"一线判定法"非常简便、非常实用。

　　黄金柱的"一线判定法"，就是"主要矛盾破解法"，也就是在众多矛盾和众多线索混杂时，抓住主要矛盾和主要线索。只要掌握了"一线判定法"，就能在众多矛盾线索之中找到主要矛盾和主要线索，在纷繁复杂的量柱之中一眼就能看到"王牌"，也就是能快速发现"独当一面"的"将军之柱"，迅速发现"扭转乾坤"的"黄金之柱"，疾速确认"继往开来"的"元帅之柱"。

第一节 黄金柱生成的基本原则

"一线判定法"就是以基柱的实顶画水平线,然后根据基柱后 3 天的量价组合建构来判定王牌柱,线上是黄金,线下是将军,跳空是元帅。例如:

基柱后 3 天收盘均价高于基柱实顶线,价升量缩或量平的,就是黄金柱;

基柱后 3 天收盘均价低于基柱实顶线,且未破基柱实底的,就是将军柱;

基柱后 1 天有向上跳空,且跳空后能够形成王牌柱建构的,就是元帅柱。

请看图 8-1 所示案例。

图 8-1 万科 A 2016 年 8 月 16 日留影

如图 8-1 所示:

A 柱后 3 天,收盘均价低于基柱实顶,所以 A 柱是将军柱;

B 柱后 3 天,收盘均价高于基柱实顶,所以 B 柱是黄金柱;

C 柱后 3 天,收盘均价低于基柱实顶,所以 C 柱是将军柱;

D 柱后 3 天，收盘均价高于基柱实顶，所以 D 柱是黄金柱；

E 柱后 3 天，收盘均价高于基柱实顶，所以 E 柱是黄金柱；

E 柱既是跳空柱，又是黄金柱，所以 E 柱前 1 天是元帅柱；

I 柱后 3 天，收盘均价高于基柱实顶，所以 I 柱是黄金柱；

I 柱既是跳空柱，又是黄金柱，所以 I 柱前 1 天是元帅柱。

标准："一线判王牌"的关键是看基柱的实顶线，然后用基柱后 3 天的收盘均价定王牌，其量价建构有如下 3 个标准：

第一，基柱后 3 天"量价背离"，是确定王牌柱的基础；

第二，基柱后 3 天"价升量缩"，是确定王牌柱的首选；

第三，基柱后 3 天"价升量平"，相当于"价升量缩"。

重点：最好是"价升量缩"，也可以"价升量平"，凡量价背离就行。

区别：线上是黄金，线下是将军，跳空是元帅。就这么简单。

下面来看图 8-2 这个案例。

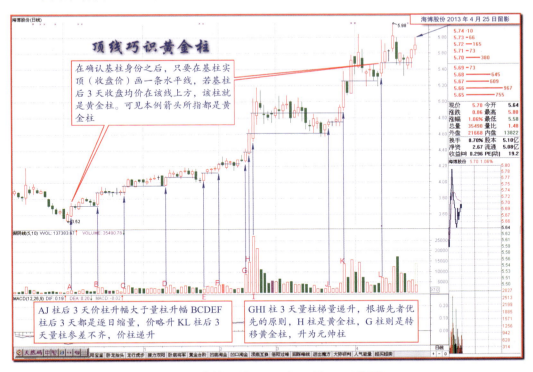

图 8-2　海博股份 2013 年 4 月 25 日留影

第二节　黄金柱基柱的选定标准

"一线判定法"简化了判定黄金柱的条件，可以使我们简单轻松地判定王牌柱，但使用该法往往会造成"王牌套王牌"的情况。针对此问题，必须执行黄金柱基柱的选定标准。

"基柱选定法"的一般标准是：选高量柱、大阳柱、跳空柱、倍量柱、过峰柱，简称"高大空倍峰"五要素。具体标准如下所述。

第一，选右不选左。若五要素中任何两个要素的位置是持平的，就要以后者（右侧）为准，即"选右不选左"。

第二，选高不选低。若五要素中任何两个要素的位置是不平的，就要以高者（实顶）为准，即"选高不选低"。

请看图 8-3 所示案例。

图 8-3　全新好 2019 年 8 月 23 日留影

如图 8-3 所示：

A 柱是倍量柱，肯定可以作基柱；

B 柱是倍量柱，又是高量柱，也是大阳柱，更可以作基柱；

C 柱是倍量柱，但其价柱实顶的位置低于 B 柱，不能作基柱；

C1 柱是倍量柱，其价柱实顶高于 B 柱实顶，所以才可作基柱。

按照上述标准，D、E、F、G 等柱都是可以作基柱的。

A 柱后 3 天，收盘均价高于 A 柱实顶线，所以 A 柱是黄金柱；

B 柱后 3 天，收盘均价低于 B 柱实顶线，所以 B 柱是将军柱；

C 柱后 3 天，收盘均价低于 C 柱实顶线，看起来 C 柱可以作王牌，但因为 C 柱低于 B 柱实顶，窝在下面，所以只能让位于 C1 柱。

C1 柱后 3 天，收盘均价高于 C1 柱实顶，所以 C1 柱是黄金柱；

D 柱后 3 天，收盘均价高于 D 柱实顶线，所以 D 柱是黄金柱；

E 柱后 1 天，F 柱向上跳空，F 柱是将军柱，E 柱就是元帅柱。

只要会找基柱，会判定黄金柱，现在回头再看图 8-3，其黄金梯就自然形成了。下面我们再看黄金柱、黄金线、黄金梯的实战效果（见图 8-4）。

图 8-4　某股票 2019 年 3 月 22 日留影

懂了黄金梯，找牛很容易。图 8-4 的后期走势请看图 8-5。

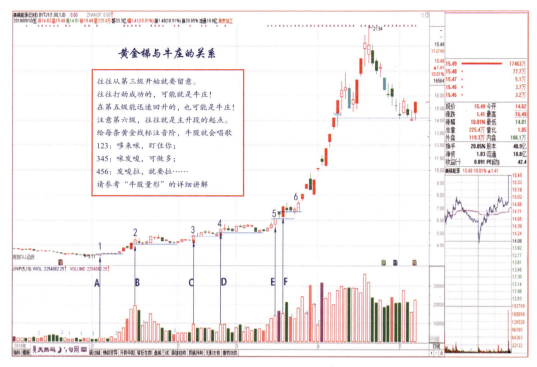

图 8-5　美锦能源 2019 年 5 月 10 日留影

第三节　黄金柱生死的认定标准

　　世间万物都有其生成与消亡的规律，黄金柱的生成与消亡也有规律，其他王牌柱的生死标准与此相同。

　　第一，保底为生。若某个王牌柱生成之后，凡是 3 天内再出王牌柱的，为"合力王牌"（如图 8-5 中的 E 柱和 F 柱）；凡是超过 3 天再出王牌的，为"接力王牌"（如图 8-5 中的 C 柱和 D 柱）。图中可见，合力王牌柱后面的涨势比接力王牌柱要好，这是王牌柱判势的一个科学规律。

　　第二，破底为亡。若某个王牌柱生成之后，其基柱后面（无论 3 天还是 3 个波段之后）一旦某价柱实底跌破了该基柱实底，该基柱就消亡了，其原有的王牌柱功能也就丧失了。例如图 8-5 中 A 柱后面，假如一旦有阴柱实底跌破了 A 柱实底，这个 A 黄金柱就牺牲了，它的黄金柱的量性也就消失了。

有些读者误判行情，就是只看王牌，不看生死，这样必然出错。打个比方：已经牺牲了的王牌，就等于斗地主时你的小王被大王干掉了，你的小王就没有作用了。现在能记住了吗？请看图 8-6 这个案例。

图 8-6　博通股份 2019 年 11 月 15 日留影

按照王牌柱的生成标准，图 8-6 中的 A、B、C、D、E、F 柱肯定都是王牌柱，但是，A1 柱跌破了 A 柱的实底，所以 A 王牌柱就牺牲了，未来的行情就只能从 B 柱开始。

按照王牌柱的合力标准，D 与 C 合力，E 与 D 合力，F 与 E 合力，都是合力王牌，所以其后涨势凌厉。2019 年 11 月 15 日（周五），大盘大跌 19 点，并且跌破了 2 900 风险线，这是非常险恶的行情，而博通股份却逆市涨停。

验证：王子老师 2019 年 11 月 15 日（周五）截图预报博通股份之后，该股周一长阴短柱洗盘，但周二网络游戏大涨，该股却是非热点涨停。

第四节　将军柱的"双线认定"

"一线判定法"就是"顶线判定法"，是黄金柱判定的重要标准。将军柱比黄金柱低一个档次，比普通量柱高一个档次，怎么才能分辨出将军柱呢？

将军柱的判定，应该以"顶线判定法"为基础，再加一个"底线判定法"，**即基柱后 3 天的平均收盘价低于基柱实顶线，却高于基柱实底线。所以对将军柱的研判应该使用"双线判定"。**

下面来看图 8-7 的这个案例。

对照上述研判标准，我们来找一找图 8-7 中的将军柱。

A 柱：小倍阳，后 3 天收盘价不破底，3 天不过顶，所以它是将军柱！

B 柱：小倍阳，后两天收盘价不破底，两天不过顶，初看好似将军柱，但因为第 3 天小倍阳崛起，3 天收盘均价高于基柱，B 就升级为黄金柱了！

C 柱：小倍阳，后 3 天收盘价不破底，3 天不过顶，所以是黄金柱！

D 柱：小倍阳，后 3 天收盘价不破底，但过顶了，且平均高度高于 D 柱，它是什么柱？该柱次日跳空涨停，第 2 天又是跳空涨停，形成倍量高量柱 E。只要 E 柱能成王牌柱，D 柱就是元帅柱了。

E 柱：倍量高阳，后 3 天收盘价不破底，3 天平均过顶，所以它是黄金柱！

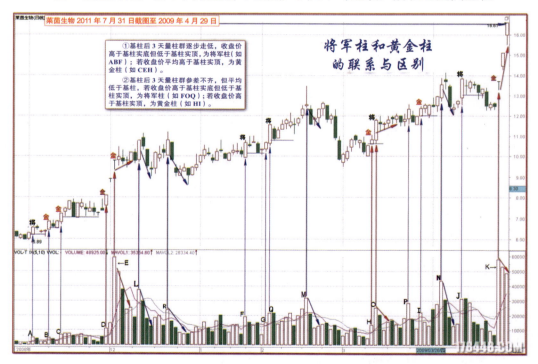

图 8-7　莱茵生物 2009 年 4 月 29 日留影

第五节 将军柱的"卧底战法"

看懂了将军柱，就可以看懂由将军柱参与的很多量学战法。其中，最典型、最直观、最好用的就是"卧底战法"。

请看图 8-8 所示案例。

图中有 A、B、C 共 3 个标记，它们都是什么柱？

A：基柱后 3 天未破实顶线，肯定是黄金柱。其后第 17 天跌破基柱实底线，这个黄金柱就牺牲了（破底为亡）。

B：基柱后 3 天未破实底线，肯定是将军柱。其后连续 7 个交易日都未跌破其实底线，并且依托将军柱的实底形成了平底，平底不破，必有收获，说明这个将军柱卧底成功，第 8 天 C 柱爆发涨停。

图 8-8 天神娱乐 2019 年 11 月 19 日留影

再看图 8-9 这个案例。

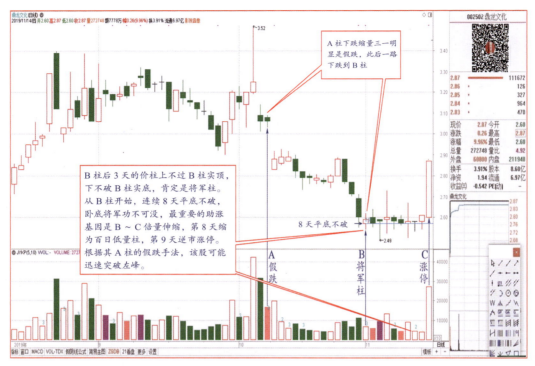

图 8-9　鼎龙文化 2019 年 11 月 14 日龙头密探练习题

如图 8-9 所示，鼎龙文化这种平底不破，3～5～8 天横盘，全靠将军柱托底支撑，2019 年 11 月 19 日有大批这种"托底将军"制造的涨停，例如聚力文化、国风塑业、盛天网络、金科文化等。

验证：在 2019 年 11 月 14 日讲解"鼎龙文化"之后，该股出现连续 5 个涨停板，11 月 20 日两市大跌，但它却成为两市最靓丽的龙头。

第六节　将军柱的"搭梯战法"

"卧底战法"是将军柱最常用的一个战法，它凭借自身的力量扭转盘势，常常在极阴中托起中到大阳。

"搭梯战法"是将军柱最慷慨的一个战法，它供献自己的力量垫底搭梯，帮其他王牌柱举起中到大阳。

请看图 8-10 所示案例。

第 8 章 伏击涨停的王牌——涨停起搏器

图 8-10　恺英网络 2019 年 11 月 19 日留影

如图 8-10 所示：A 是将军柱，连续 6 天上不过实顶线，下不破实底线，第 7 天跳空涨停，A1 即成了元帅柱雏形。也就是说，A 将军柱用自己垫底，为 A1 搭梯，眼看就要建成元帅的宫殿，可惜后面 A2 大跌，元帅阵亡。

B 是将军柱，B1 也是将军柱，显然是 B 将军垫底，为 B1 将军搭梯，也就是说，B1 将军是踩着 B 将军的肩膀往上攀登，两级金阶，成就了 C 柱的涨停。

这种"由张三垫底，为李四搭梯"的建构，就是"搭梯战法"，图 8-10 是将军柱托起将军柱，还可以由将军柱托起黄金柱。

请看图 8-11 的这个案例。

具体讲解详见图 8-11 图中标示及方框里的文字。

图 8-11　银河磁体 2019 年 11 月 20 日留影

第9章
伏击涨停的天牌
——涨停伏击圈

以"斗地主"为例,如果说将军柱是王牌中的"小王",黄金柱就是王牌中的"大王",元帅柱就是王牌中的"炸弹"。

如何寻找股市中的"炸弹"呢?

第一节 元帅柱的认定标准

元帅柱的认定标准就是"跳空补空,先者优先"。该标准的含义是:凡有跳空向上的缺口时,缺口下方的柱子就是元帅柱,而跳空的那根柱子不是元帅柱;如果有连续跳空向上的柱子出现,则以最先跳空者优先授衔。

请看图9-1,这是王子老师2009年4月29日截图预报的"莱茵生物",当时在K柱后两天跳空涨停,价升量缩,王子老师预计这里会有好的涨幅,于当天发布了涨停预报。下面来看该股在4月29日预报之后至7月30日的走势图(见图9-1)。

先看K柱:跳空"T"字板,此后量柱逐日降低,价柱逐日升高,用黄金柱的标准来看,K柱应该是黄金柱。但用"跳空补空"的标准看来,K柱由普通的黄金柱升级为元帅柱了!你看,从K柱开始,价升量缩,连拉5个涨停。之后,仅仅调整1天,在K1处又是4个涨停板。可见元帅柱不同凡响。

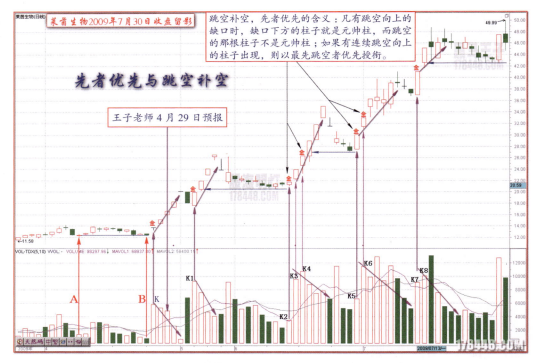

图 9-1　莱茵生物 2009 年 7 月 30 日留影

再看 K1 柱：没有跳空，此后连续跳空，量柱逐日低，价柱逐日高，用黄金柱的标准来看，K1 柱肯定是黄金柱！但用"跳空补空"的标准来看，K1 柱就是元帅柱，此后连续 4 天价升量缩，连续 4 个涨停板。其后调整 10 天，最低点不破第二个涨停板的开盘价。可见元帅柱涨势凌厉。

再看 K2 柱：双向阳胜阴。此后 3 天，价位逐日高。量柱呢？有点特殊，次日 K3 是倍量跳空涨停，K4 后量柱逐日降低，可见 K3、K4 都是标准的黄金柱！这时问题出现了，这么多黄金柱堆在一起，到底以谁为准呢？用"跳空补空，先者优先"的标准来看，非常好办，最先出现的 K2 柱是元帅柱！（原来称之为转移黄金柱，但没有引起读者重视，用元帅柱的名称后，大家就非常重视了。）

现在回头再看图 9-1 中的 B 柱，其后出现了跳空向上的 K 柱，用"跳空补空，先者优先"的标准来看，B 柱就升级为元帅柱了！"阴元帅"！穆桂英！所以"先者优先"的原则非常重要，它是日后确定攻防线的基准。

前有标准，后有原则，我们的眼光就更加犀利了。例如，我们正是看到 K2 柱小倍量阳胜阴，于是在 K2 柱形成的当晚发布了次日涨停预报（即 6 月 12 日周五），从次日开始，该股连拉 5 个涨停板。此后虽然连续调整 4 天，但其最低价不破第三个涨停板的实底,然后又展开新一轮攻势。这就是转移黄金柱移位设防的好处。

用黄金柱的标准来看,图9-1中的B、K2、K5、K7这4根量柱有一个共同特征,它们都是隐藏在标准黄金柱左侧的不起眼的基础黄金柱,可以称之为"隐形黄金柱",凡是有"隐形黄金柱"的地方,其涨幅往往相当惊人,它统帅着将军柱,指挥着黄金柱,既有扭转乾坤的能力,又有继往开来的魄力,用"跳空补空,先者优先"的标准来看,它们就是"元帅柱"。元帅出马,一个顶俩。

第二节　元帅柱的生死存亡

股市是一条动态平衡的流动的河,任何王牌柱都有它生死存亡的过程,元帅柱也是如此。但是有些读者只要发现元帅柱就忘乎所以,把它视为至宝,即使它已经消亡了,还把它当宝。这就不好了。

请看图9-2所示案例。

图9-2　申达股份2014年1月30日留影

图 9-2 中的 A、B、C 三柱不用看，重点请看 J 柱，用我们前面讲过的研判标准，它应该是元帅柱，但是，由于 L 柱及其左侧的阴柱实底跌破了 J 柱实底，所以 J 元帅就牺牲了。

回看 M 柱，阴柱，次日 J 柱跳空，其后 J 柱和 L 柱的实底均未跌破 M 柱实底，所以 M 柱升级为元帅柱。

再看 L 柱，次日有跳空柱，L 柱也就升级为元帅柱了。

可以说，由于 M 和 L 这两个元帅柱的接力，后面爆发了一段很好的行情。

下面来看图 9-3 的这个案例。

图 9-3　华闻传媒 2013 年 6 月 14 日留影

图 9-3 中有 A～H 共 8 根王牌柱，根据前面讲过的标准，其中 A、D、F 三柱是黄金柱，B、C、G、H 四柱是将军柱，那么谁是元帅柱呢？按照上述标准：

第一，"先者优先"，E 柱先于 J、I、F 三柱，E 是元帅；

第二，"跳空补空"，I 柱跳空，向下补空，J 柱是元帅；

第三，"跳空补空"，J 柱跳空，向下补空，E 柱是元帅。

所以，E 柱和 J 柱就是当前的"元帅柱"。D 柱后面有跳空，应该是元帅柱，但是其右侧有两根阴柱跌破其实顶，D 元帅柱牺牲，于是降级为黄金柱。

第三节 元帅柱与"零号战法"

玩过斗地主的网友应该知道,第一圈出牌,张三出了3个3,李四就甩出4个4的"炸弹"来了,你说李四的牌好不好?可能李四的手中还有两个王,或者还有其他的"炸弹",他才敢于在第一圈就甩出一个"炸弹"。

股市也一样,当某只股票一启动就来了一个"炸弹",你说他后面还有什么牌?一般情况下,他的手里可能还有"炸弹"。

如果说将军柱是"小王",黄金柱是"大王",那么元帅柱就是"炸弹"。

1. 什么是"零号战法"

元帅柱的基本要素就是"跳空","跳空"等于"没有交易",也就等于"零交易"。量学借助这个"零交易区",创造了"零号战法"。

"零号战法"把这个"零"视为一个"皮球","皮球"后面的走势多数是向下挤压这个"皮球",一旦挤破了这个"皮球",即跌破了元帅柱的实底,这个元帅柱就光荣牺牲了;如果"皮球"后面的走势向下挤压而挤不破这个"皮球",这个"皮球"的弹力就会爆发,后面就会引发一段或一波向上的行情。

我们来看看如图9-4所示的案例。

图9-4 金杯汽车2012年10月26日留影

如图9-4所示,图中共有①②③④⑤这5个"零号皮球",第③号皮球之后的行情向下挤压,挤破了②、③号这两个皮球,当C柱挤压到第①号皮球的上沿时,实在挤压不下去了,爆发了一轮可观的行情。

2."零号战法"的实施过程

首先要求我们看准"零号",然后观察行情对"零号"的挤压,一旦发现挤压不下去(预判),就要注意"确认信号"的出现,一旦"预判"得到"确认",就是我们动手的时候。

对此,量学云讲堂的学员们深有体会。2019年11月27日刘懿德同学发现一只股票精准回踩"零号不破",次日盘前竞价时,又发现该股票跳空向上,确认零号不补,立即于当天下午介入并截图(见图9-5)。

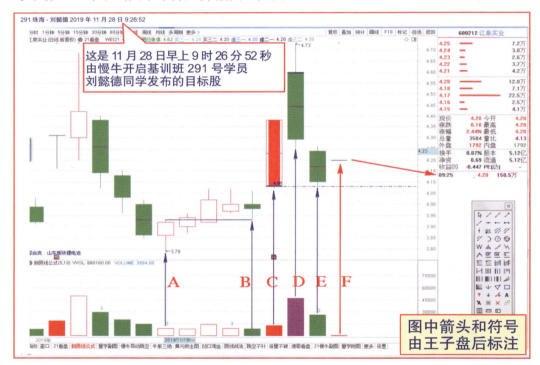

图9-5 江泉实业2019年11月28日留影

图9-5是2019年11月28日集合竞价开盘前的留影,右侧"信息栏"的信息是"不可重现的",带有这个"信息栏",才能保证截图的原始性、真实性和公正性。没有右侧"信息栏"的截图,都是"马后炮"。有了"信息栏"的公正性,证明他们的伏击是"马前炮"。

据刘懿德同学讲,他11月27日晚上做选股练习时,发现该股E柱回踩C柱实底,而C柱实底和B柱实顶之间就是"零号空间",E柱缩量三一精准回踩C柱实底并收上去,预判回踩到位。根据量学"左预判、右确认"的原则,他11月28日(F柱)竞价时特意观察有无"右确认",结果出现"跳空向上",这是明显的"确认信号",于是他介入核实后当即决定下单买入,并截图分享给大家。

11月28日(F柱)大盘大跌,该股却逆市涨停!慢牛开启基训班有7位同学在开盘的第一时间伏击,当日成功获得涨停。

以上过程,就是量学"零号战法"实施过程。为了帮助大家厘清"零号战法"的要点,我们再来看图9-6的案例。

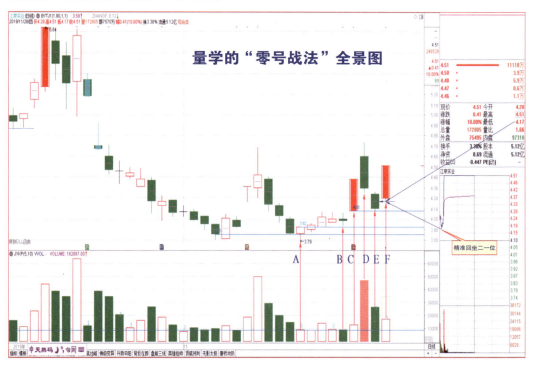

图9-6　江泉实业2019年11月28日收盘留影

如图9-6所示:

A:百日低量柱,后升级为卧底黄金柱;

B:百日低量柱,最低点回踩A黄金柱实顶;

C:跳空涨停,确认B为元帅柱(甩出第一个炸弹);

D:冲高回落,假阴真阳,有假跌迹象;

E:缩量三一,跳空下跌后回升,最低点精准回踩C柱实底,即回踩BC间的"零号"上沿,等于是向下挤压BC这个"零号区间"。缩量三一精准回踩后向上的动作告诉我们挤压不下去了,即可"预判"其将会向上爆发;

F：跳空开盘（甩出第二个炸弹），确认 E 柱踩零不破，即将向上爆发，伏击！当天大盘跌破生命线，两市满盘该绿，该股却逆市涨停。

3."零号战法"的实施要点

第一，要看准"零号区间"，并根据当前走势作出未来预判，图 9-6 就是根据昨日之前的走势，预判今日"零号战法"的可能性。

第二，要看准"确认动作"，今日开盘的"跳空"，就是对昨日预判的确认，这时能否"见到跳空就介入"呢？不能，还要通过量波再次确认。

第三，要看准"量波可信"，量学云"跳空阳，坐拐上，不破人线数它强"，也就是要等候量波回坐不破人线或不破关键量线才能跟上，否则一旦碰到假跳空，你一进去它就再跌，那就不好了。图 9-6 江泉实业右下角，其量波刚好回坐昨日阴柱二一位，并且拐头向上，这时才能"坐拐跟上"。

第四，零号战法可以在零号次日跟进，也可等候回踩零号不补零时跟进，本例就是等候"不补零"时跟进。一旦有实底"补零"，元帅柱就牺牲了。

第五，如果"左预判、右否认"，就不能介入了。当然，学习成熟之后，结合其他量学信号如 E 柱缩量三一，精准回踩 C 柱实底线后向上，已基本确认"踩零不破"，E 柱当天即可介入。这要成为量学达人之后才能采用。

行文至此，正值 2019 年 11 月 29 日周五，大盘再次大跌，量学云讲堂的 8 位讲师辅导的 8 个基训班却传来空前捷报，涨停红包雨足足下了两个小时，许多同学感叹："抢红包比抓涨停难多了！今天盘后两个小时没有抢到一个红包，可我下午盘中两个小时抓了两个涨停板！"

第四节　零号战法的实战案例

下面请看一个实战案例（见图 9-7）。

面对图 9-7 的走势图，用传统眼光来看，这只股票越看越糟糕；但是，你若用量学的眼光来看，越看越有味道。

这天是 2019 年 11 月 28 日（周四），大盘连续下跌了 3 天，跌破了 2902 生命线，盘中甚至跌穿了 2885 保命线，勉强收于 2889 点，大盘形势非常危急。但是，越是行情不好的时候，越是量学筛选好股的时候。

2019 年 11 月 28 日（周四）晚上，我们量学云讲堂的 8 位讲师，都在带领各自的基训班学员进行选股练习。吴树文老师特意让他的学员重点关注这只股票。

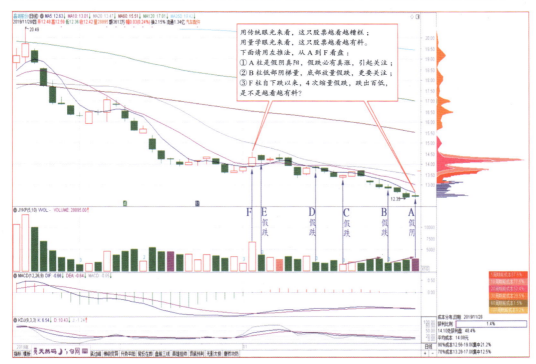

图 9-7　蠡湖股份 2019 年 11 月 28 日留影

为什么要关注这只股票？用"左推法"看图 9-7 所示：

A 柱，是假阴真阳，假跌必有真涨，引起关注；

B 柱，底部阴梯量，底部放量假跌，更要关注；

F 柱，自下跌以来，4 次缩量假跌，跌出百低。

是不是越看越有料？是！

那么，它是否可以作为选股练习票？是！

那么，是否应该制定次日操作策略？是！

根据王子老师制定的选股策略，重点关注"一剑封喉"和"三低三有"，给该股画了一条"一剑封喉线"，此线一画出，令人大吃一惊！该股当天的开盘价精准踩着"一剑封喉线"！请看该股的"一剑封喉"图（见图9-8）。

根据精准回踩"一剑封喉线"的普遍规律，该股次日很可能有跳空向上的动作，所以，他们的伏击计划是：

第一，该股盘前三线的底线设收盘价 12.42 元（见横线）；

第二，底部"一剑封喉"次日，应有跳空动作，注意开盘情况；

第三，若有跳空，就用"零号战法"，否则，就顺势再定。

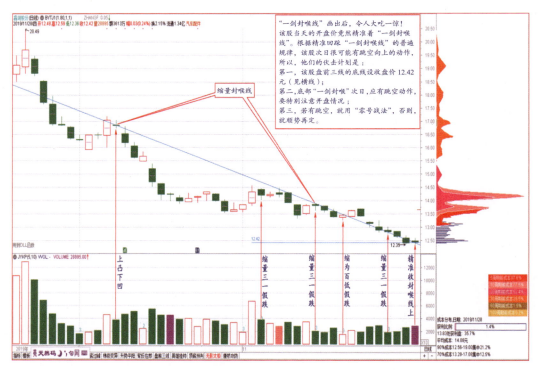

图 9-8　蠡湖股份 2019 年 11 月 28 日"一剑封喉"留影图

次日，该股果然遵循"一剑封喉"的规律，开盘跳空向上，但只跳空 4 分钱，跳空幅度不理想，然后量波回到人线下方，却横在底线上方，将近 3 个小时没有动静。这时，学员们对它已失去了信心。请看图 9-9 蠡湖股份 2019 年 11 月 29 日（周五）量波图。

如图 9-9 所示，2019 年 11 月 29 日下午 13：54，吴树文从量波中看出潜龙出水苗头，立即提示"盘中异动，跟踪关注"。当时有个学员说："不看了，睡觉！"吴老师说："看一眼，再睡吧！"

说时迟，那时快，好一个"看一眼"！刚好该股精准回坐人线！开枪！开枪！凡是看懂了这个"潜龙出水、坐稳人线"的学员纷纷开枪了！

回首"发现该股、瞄准该股、制订计划、失去信心、再看一眼"的全过程，无不闪耀着量学看盘、选股、买股的智慧。

无论用什么语言都无法展现这么精彩绝伦的每一个环节和细节。王子老师只好将全过程标注在该股的走势图（见图 9-10）上，让大家细细品味其中的奥秘。

图 9-10 上方，王子老师特意将两位同学在微信上的留言截图贴上，学员的话和他们自述的伏击过程，比王子的叙述更真实、更简洁、更精彩！

事实再次证明：按照量学标准做好选股练习，是伏击涨停的基本功，做好了选股练习，无论什么样的股票都能按照量学的标准成功伏击！

第 9 章 伏击涨停的天牌——涨停伏击圈

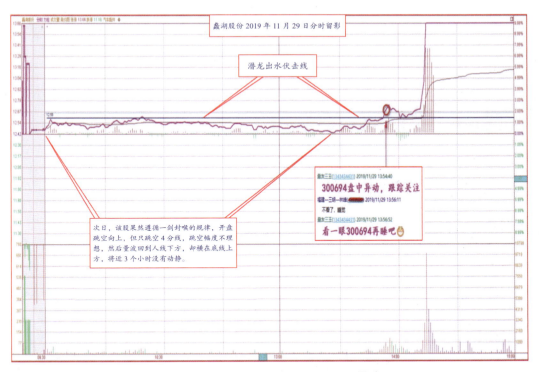

图 9-9 蠡湖股份 2019 年 11 月 29 日量波图

图 9-10 蠡湖股份 2019 年 11 月 29 日伏击涨停分析图

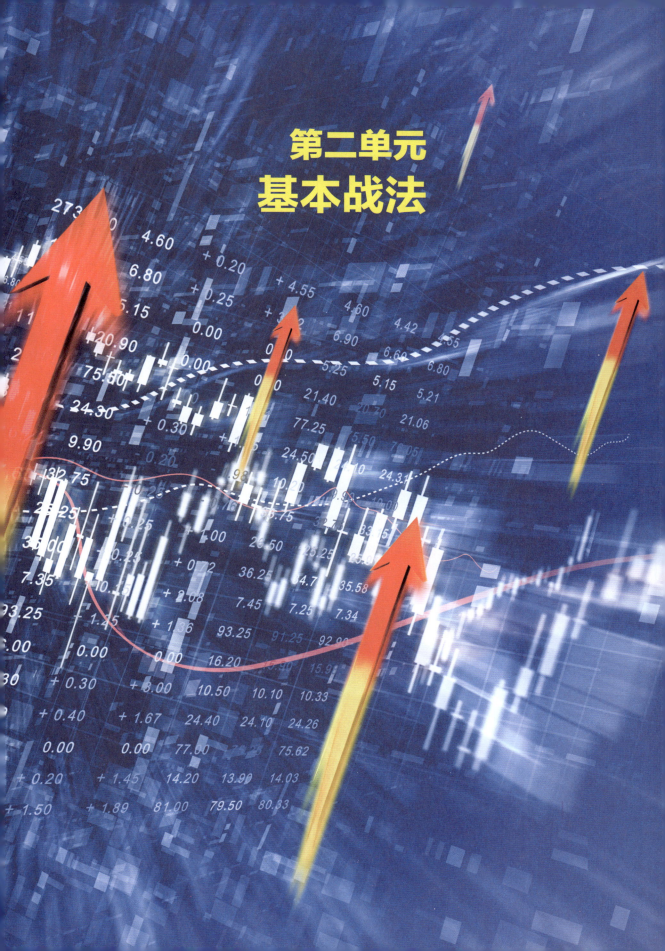

第二单元
基本战法

第10章
伏击涨停的跳板
——金线战法三要点

大家都知道"看菜吃饭，量体裁衣"的俗语，可是在股市上，人们很少研究这个古训的深刻内涵，往往是采用一套战法、一种模式去对付不同的庄家，结果可想而知。

例如，同样是"金线战法"，不同的庄家会有不同的表现形式，有的庄家强悍，有的庄家精明，有的庄家狡诈，因此，便有强庄、精庄、狡庄的区别，研究他们的操盘密码，有利于我们采取不同的对策，选择不同的战法。这就是下面将要讲解的对付不同庄家的金线战法。

第一节　金线战法的画线（顺势画线）

所谓"金线"，就是"黄金线"的简称，它既是主庄苦心经营的"攻防线"，又是主庄步步为营的"生命线"。离开了这条线，主庄不可能指挥他的千军万马，也不可能协调他的资金运作。所以，抓住了主庄的黄金线，就等于抓住了他的攻防路线图。

黄金线取点画线的方法和原则如下：

第一，以黄金柱自身的实顶或实底画线。

第二，以黄金柱后3天最低的实底画线。

第三，以黄金柱后3天最低的虚底画线。

下面来看图10-1所示的案例。

图中标注了A～F等6根王牌柱，每一根王牌柱都有其自身的攻防线。取点和画线的方法是：先根据王牌柱的实顶或实底画线，再根据主力的行为轨迹画线，主力的足迹走到哪儿画到哪儿，一切均顺其自然画线；取点和画线的原则是："先找顶，后找底，先找实，后找虚，微调抓战机。"

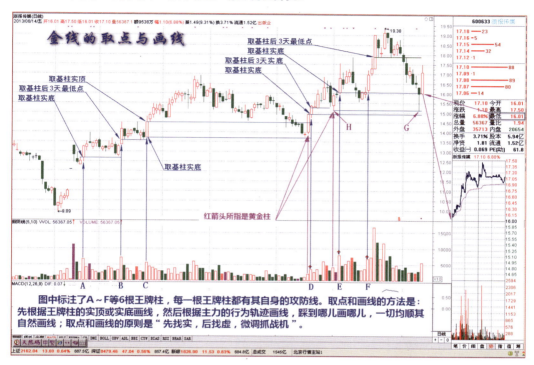

图 10-1　浙报传媒 2013 年 6 月 14 日留影

先看 A 柱：取基柱的实底，B 柱取基柱后 3 天的最低点，这两条线画出后，仿佛成了两个跳板，此后的行情一旦触及这个跳板，就昂头向上。所以，好的黄金线就是未来行情起跳的跳板，即使不能伏击到涨停，也能经常涨不停。

再看 C 柱：先取基柱的实顶画线，由于后来的行情发生了变化，向下击穿了实顶黄金线，我们就可以在 C 柱的实底上画出第二条黄金线。后来的行情果然在 C 柱的实底黄金线上起跳。

再看 D 柱：先取基柱后 3 天的实底，后来行情发生了变化，我们再取 D 柱自身的实底，以便做好攻防预测。事实说明，日后最低点 G 没有跌破 D 柱的实底黄金线，并且与 H 点精准重合，形成了长腿踩线的格局，这里就是最佳介入机会。（验证：图 10-1 截图次日，该股逆市涨停，第二天又大涨 7.5%。）

"先找实，后找虚，微调抓战机"，就是顺应主力行为，寻找主力动向的战法。为了区别王牌柱的攻防效果，我们约定称呼如下：

凡是将军柱后的攻防线，我们称之为将军线；

凡是黄金柱后的攻防线，我们称之为黄金线；

凡是元帅柱后的攻防线，我们称之为元帅线。

上述 3 种线可以统称为"攻防线"或"金线"。但无论怎么称呼，我们都应该做到心中有数，元帅线是最可靠的，黄金线较可靠，将军线不太可靠。

因此，我们讲解的金线战法，主要应用黄金线和元帅线。

第二节　对付强庄的战法（强庄踩顶）

所谓"对付强庄的战法"，就是以黄金柱所对应的价柱实顶画出黄金线，以测算或确认主力攻防路线的战法。因为黄金柱的确认必须是基柱后 3 天价升量缩，那么，黄金柱对应的价柱实顶就成了强势主力攻防的平衡线，我们只要以实顶画线，一眼就能测算出这个主力的实力和动机。

下面来看图 10-2 的案例。

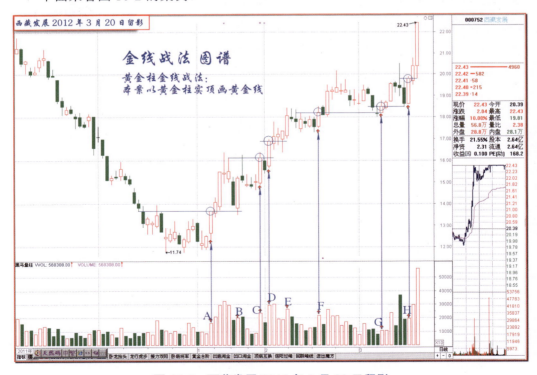

图 10-2　西藏发展 2012 年 3 月 20 日留影

第 10 章　伏击涨停的跳板——金线战法三要点

图 10-2 中，除了 B、E 二柱之外，A、C、D、F、G、H 都是黄金柱。我们以 A、C、D、F、G、H 的实顶画出水平线，就是当前的"金线"。

由图 10-2 中可见，A、D、F、G、H 这 5 根黄金柱的金线都能有效支撑走势向上，其中，F 柱的实顶线刚好是 G 柱的起点，H 柱的前一天踩着 G 线，G 线又是 H 柱的起点，这 3 根黄金柱由 3 条金线层递接力，完成了顶底互换，酿就了 H 柱后的凌厉攻势。反观其他的黄金柱，由于没有金线的衔接，攻势稍显平缓。

该股主力的所有动作似乎都以金线为界，一旦稍稍跌破，就要迅速拉起，整个走势显得错落有致。每条金线的跌破处，都是有效介入的良机。近期与之相同的强庄股如超华科技、川润股份都可用这种战法。

下面来看图 10-3 所示案例。

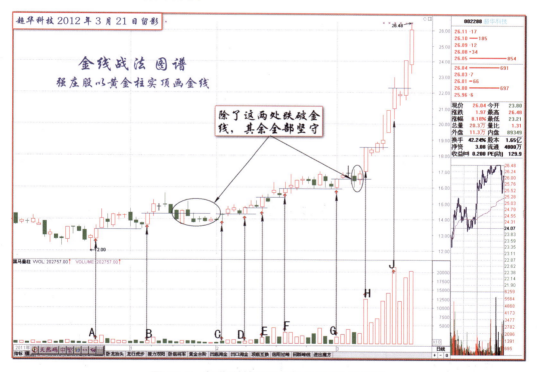

图 10-3　超华科技 2012 年 3 月 21 日留影

图 10-3 中有 A～J 共 9 根黄金柱。我们以黄金柱所对应的价柱实顶画线，除了 B 柱和 G 柱两处跌破金线之外，其余 7 条金线都能强势支撑走势，这种踩着实顶黄金线上攻的庄家，就是强庄。

再看，B 柱和 C 柱的实顶刚好处于同一水平线上，与 D 柱的实底无缝重合，形成一条罕见的多焦点重合的黄金精准线。该股的 B-C-D 黄金精准线串起 3 根黄

101

金柱，其后走势步步高升，形成三级黄金梯，终于在 H 柱爆发凌厉攻势，使该股成为当前弱市中一道亮丽的风景。

对于这样的踩顶上攻的强庄股，即使我们在 C 柱之前未能发现，当 D 柱黄金柱确认之后，任何一条黄金线上的回调，都是我们介入的良机。

第三节　对付精庄的金线战法（精庄踩腰）

市场上有许多精庄往往不把黄金柱的实顶当作自己的攻防线，而是天马行空，独往独来，你很难找到他的真实行踪。所以，我们必须找到一套"对付精庄的战法"。

所谓"对付精庄的战法"，就是以黄金柱（或将军柱）后 3 天价柱的最低实底和最低虚底画出虚实两条金线，以测算或确认主庄的攻防路线，进而规划我们介入或退出的路线。所谓"实底"，就是指价柱的"实体底部"；所谓"虚底"，就是指价柱的"虚体底部"。

下面来看图 10-4 所示的案例。

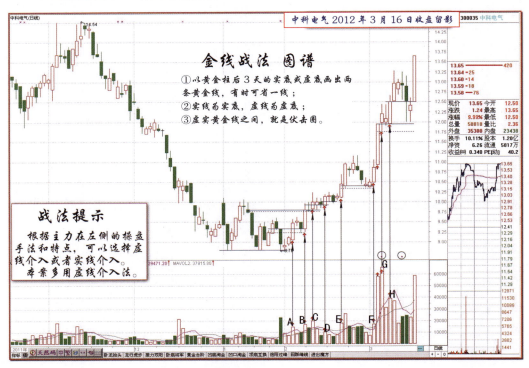

图 10-4　中科电气 2012 年 3 月 16 日收盘留影

图 10-4 中有 A～H 共 8 根黄金柱。我们分别在它们基柱后 3 天的实底画实线，给它们的虚底画虚线，这就构成了黄金柱的双重金线（注意：没有实底或虚底的可以省略）。这虚实双线的好处很多，庄家往往以实线保护自己，以虚线打击对手；而对我们最直接的好处就是：在虚实相间的两条金线之间，可以设立我们的伏击圈。

设立伏击圈的方法就是观察主力在其左侧所惯用的手法，从而选择虚线介入或实线介入。图 10-4 中多用虚线介入法。

虚实双线看起来比"强庄股的金线"麻烦，但其实战性和前瞻性非常强。例如，从图 10-4 的 A、B、C 三处的惯用手法可以发现：这个主力的操盘特点是"守实攻虚"，只要虚线守稳，就会发力上攻。那么，我们就可以在 D～H 的虚线上提前介入，守株待兔，择机抓住庄家的尾巴。

这种"双线战法"就是我们常说的"双保险战法"，这是精明主力惯用的手法。他们往往用实线保护自己，用虚线打击对手，这就是"以实击虚，以虚掩实"。不明真相的对手，往往会在主力的"虚线攻击"下乖乖交出筹码。本例 H 柱后的双阴洗盘，采用了长腿踩线的战术，长长的下引线非常吓人，但它在 H 柱的实底上方收兵回防，极大地诱引对手出货，自己却独享隔日涨停的乐趣。

图 10-4 中的两个小圆圈处，是我们 3 月 6 日和 3 月 13 日两次盘前预报的地方，3 月 13 日预报后恰逢双阴洗盘，在其收兵回防的当日和次日，都是绝佳的介入点。可以预测，该股主力可能还要依托 H 柱右侧的大阴实顶在双重金线区间做一次洗盘动作，然后再去突破左峰。

"虚实两条金线"的战法相当精彩也相当过瘾，只要应用得当，你可以尝到攻守自由的甜头。下面请看图 10-5 的这个案例。

凯乐科技是当时弱市中走得比较好的一只股票。它之所以能走得这么好，与其主力的"双线战法"关系极大。

图 10-5 中 A～G 共有 7 根黄金柱，我们按照"实底画实线，虚底画虚线"的方法，可以顺利画出 7 对金线。这 7 对金线虚实相生，上下呼应，给主力寻找战机提供了很好的空间。该股每上一个台阶后，总要向下挤压对手盘或获利盘，每次挤压都以实线为依托，把对手逼到虚线附近出货，它就迅速收到实线上方。显然这是"实线保护自己，虚线打击对手"的做法。

其中最精彩的是 D、E 两处。D 柱后第三、四天双阴跳空洗盘，依托的就是实线，E 柱跳空向下开盘，然后打压到 D 的虚线处迅速收回，再上一个台阶。这种"借实击虚"的洗盘非常成功，一开盘就给人 3 千只黑乌鸦跳空下行的错觉，等你抛出手中筹码时，它就回头向上，让你叫苦不迭。如果我们洞悉了主力在 A、B、C 三处惯用这种手法，就能在 D、E 的任何一个回踩处钻进主力的轿子。

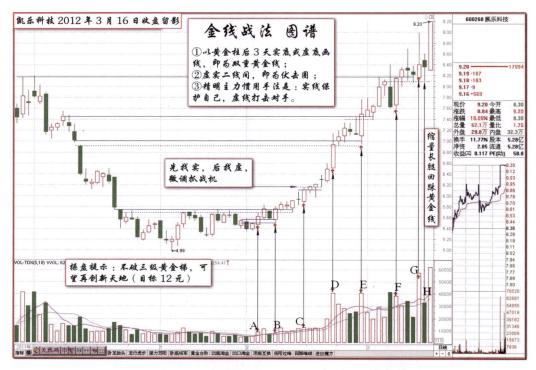

图 10-5　凯乐科技 2012 年 3 月 16 日收盘留影

第四节　对付狡庄的战法（狡庄踩脚）

股市上有一种"狡庄"，他们往往不按规矩出牌，不以通常的攻防线来规划自己的行为，有时甚至故意击穿自己的黄金底线，"上一榔头，下一棒槌"，让你不知道他的底线到底在哪儿。对付这种狡庄，以上两种顺其自然的金线战法往往不能奏效。

因此，敌变我变。面对走势并非那么规范的股票，我们就要根据实际情况对金线予以调整。这种调整，不能随心所欲，要顺其自然，也就是从主力走过的脚印上，找到更加科学完美的伏击路线。

正是从这个意义上讲，任何有效金线都不是我们画出来的，而是主力用行为证实的。要想对付狡庄，必须比狡庄更狡猾。因此，我们有以下 3 套战术。

1. 虚中找实，实中找虚

下面来看图 10-6 所示的案例。

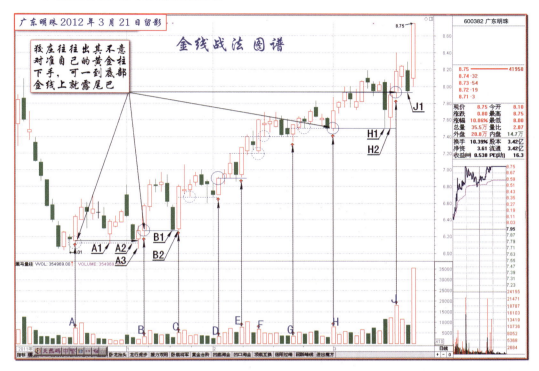

图 10-6　广东明珠 2012 年 3 月 21 日留影

图 10-6 中的要点是 A、B、H、J 这 4 处。这个庄家非常凶悍，当 A、B、H、J 黄金柱形成后，他不是顺势向上，而是拼命打压，把对手挤压出去之后，才再上一级台阶。

先看 A 处，黄金柱形成后，第四至六天连续 3 天跳空向下打压，第六天 A1 跳空低开，击穿 A 柱的虚底后，突然回升，以中阳报收。这是第一回合。

但是，主力并不满意这一回合的打压，当 A1 回升 3 天后，第四至六天又是连续 3 天打压，同样在第六天 A3 柱跳空低开低走，再度击穿 A 柱的虚底，给人一种"A 柱彻底垮塌"的错觉。一旦你抛筹出逃，他就迅速拉起，连续 3 天中阳拉升，好不痛快淋漓。

现在回头再看 A、B 之间的两波打压，都是以 A 黄金柱的实底为依托，以 A 黄金柱的虚底为假象，用长长的下引线刺破黄金底线，盘中引诱对手出货，然后迅速拉升。B、H、J 这 3 处几乎都是同样的手法。如果我们看懂了主力在 A 柱底部的伎俩，就会在 B 柱的 B1、B2 处找到介入的良机。B1 长阴短柱缩量精准击穿 B

黄金实底线即迅速收上去，这就是主力的尾巴。

关于 B、H、J 柱的战法，留待同学们自己分析。

2. 上下微调，虚实相生

上例中的狡庄善于使用底线，而有些狡庄根本就不用底线，根本就不按规律出牌，他是"骑驴看书，边走边瞧"。但是，只要他是想赚钱想赢利，他的意图总会露出来的。对付他的绝招就是"先看实，后看虚，微调抓战机"。也就是对现有的"虚实金线"进行"微调"，找到主力的真实意图。

下面来看图 10-7 所示的案例。

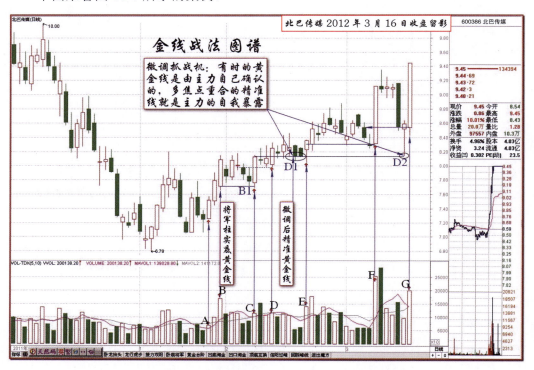

图 10-7 北巴传媒 2012 年 3 月 16 日收盘留影

图 10-7 中 B 柱是将军柱，其金线不是取自将军柱后 3 天的最低实底，也不是最低虚底，而是取自 B 柱后第五天的虚底 B1，因为 B1 的虚底与 B 柱的实底精准重合，我们将金线微调至此，形成 B、C 二柱的精准接力。这个重合不是我们强加的，而是主力用自己的行为轨迹告诉我们的，我们只是"微调"了一下，就找到了更符合实际的金线位置。

"先找实，后找虚，微调抓战机"，只要微调一下，C 柱的最低点就是最佳介入点，因为有金线做保证，我们就能提前介入，守候涨停。对于这种战机，北大量学特训班的同学们总结为:"××阴,找黄金,找到黄金可买阴"。

注意:这里的"××阴",可以是"阳阳阴",也可以是"阳阴阴",还可以是"阴阴阴",只要最后一根阴柱精准踩到金线并回升,就能买阴。

本例最精彩的是D柱,图10-7中的金线不是取自D柱后3天的最低虚点,也不是后3天的最低实点,而是取自后第四、五天双阴实底精准重合的D1,这个D1与其左侧C柱的实顶,与其右侧D2的虚底无缝重合,形成了衔接C、D、E,影响E、F、G的精准黄金线,造就了F柱和G柱两个涨停。

有人把"黄金柱"和"黄金线"看得很神秘,以为有了"黄金"二字,就可以"攻无不克,战无不胜",这是错误的。对于"黄金柱"和"黄金线",我们要辩证地看,要历史地看,更要阶段地看、灵活地看。在某个阶段的黄金柱和黄金线,只能在某个阶段或者某个波段有效,一旦被其右侧的行情有效跌破,它们也就光荣牺牲了。再用斗地主作比,你的大王再牛,一旦被对方炸弹除掉之后,它就玩完了。俗话说得好,"过了这个村,就没这个店了",这句话用在黄金柱和黄金线上是非常恰当的。

3. 排除干扰,切中要害

为了对付"狡庄",还可以结合其他方法如"阴线战法"对金线予以调整,或左右延长,或上下移位,只要能窥探到狡庄的行为轨迹和行为动机,就是最佳的金线。这就要求我们排除干扰,切中要害,在纷繁复杂的假动作中找到主力真实的穴道。

下面来看图10-8所示的案例。

如图10-8所示,按标准画好金线之后:

A、B、C三线向左延伸,分别切合了距它们左侧最近的大阴实顶;

E、F、G三线向右延伸,分别切合了距它们右侧最近的大阴实底。

本例中最精彩的要数F柱了,它不是黄金柱,只是一个普普通通的将军柱,庄家却拿它大做文章,只要我们采用"左右延伸、上下微调"的方法,回踩F柱的四个低点都是宝。

F柱的开盘价踩着左峰的连阴最高位实顶;

F柱的收盘价与右侧G柱最低点无缝重合,造就一个涨停板;

F柱的最低价左切阳实顶,右切阳虚底,形成左支右撑的黄金十字架;

F柱的最高价与右侧三阴洗盘的第三个长腿无缝重合,次日即托起涨停板。

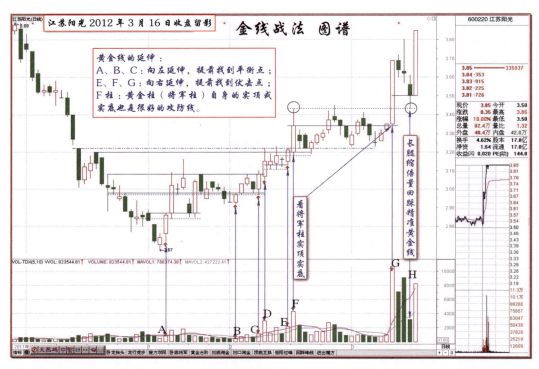

图 10-8　江苏阳光 2012 年 3 月 16 日收盘留影

事实说明，这个狡猾的庄家处处不按规矩出牌，处处踩着规律做势，在 F 柱和 G 柱之间的 4 条金线，条条金线助涨停，值得我们好好揣摩。

综上所述，不同的庄家对于自己的攻防线有不同的设置：

"强庄"的攻防线在"头部"，即盯住黄金柱自身的实顶或虚顶；

"精庄"的攻防线在"腰部"，即盯住黄金柱后 3 天实底或虚底；

"狡庄"的攻防线在"脚部"，即盯住黄金柱自身的实底或虚底。

通俗地讲，"踩头"的是强庄，"踩腰"的是精庄，"踩脚"的是狡庄。

总之，金线战法的基础是找准黄金柱，核心是跟着主力走，灵魂是用活黄金线。我们千万不要画地为牢、刻舟求剑，而要灵活机动、切中要害。

第11章
伏击涨停的核心
——金线战法三步曲

自从在《红周刊》发表《金线战法》之后,王子老师收到许多读者来信,褒扬之声不绝于耳。说句心里话,王子老师希望得到正面的称赞,但更希望得到侧面乃至反面的挑剔。挑剔可以去掉瑕疵,挑剔有助于进步,挑剔有助于完美。

王子老师收到一则留言,200多字,虽没有一句溢美之词,但却让人体会到不同的乐趣。全文截图如下:

> **彪哥我要发** 2012-4-1 17:27   删除 回复 IP: 175 155.74 39
>
> 王子老师:你好!我是新学员。按照量柱量线理论我3月9日买了江山股份,我发现它2月21日形成了黄金柱,2月29日最低价8.37元,3月7日最低价8.38元,只差一分钱,形成了精准线。2月21日之前还有两根黄金柱,它们分别是2月2日和1月9日形成的黄金柱。回踩精准线,涨停在眼前。可它却随大盘3月14日大跌至今不止跌。它3月15日最低价7.64元,3月23日又是一个最低价7.64元,再次形成精准线,我以为它要止跌上涨了,结果还是跌跌不休。不知我错在哪里了。请王子老师帮我分析一下,我实在有些迷惑不解。谢谢!

这是一则深思后的提问。提问者根据自己的认识能力,原原本本地提出问题,实实在在地分析问题,有理有据,坦诚交流,并且提出了一个非常重要的有代表性的问题,刚好就是我们下面要讲解的"金线战法"三步曲。我们就用他的案例讲解我们的课题。

第一节 金线战法的基础:找准黄金柱

先让我们沿着"彪哥"的思路,看看他说的这只股票,见图11-1。

图11-1是根据"彪哥"的叙述画出的分析图。"彪哥"认定的A、B、C这3根黄金柱是正确的。D、E两处是他认定的精准线,于是他在3月9日介入。介入后,只小涨了两天即大跌。在G柱的虚底与左侧C黄金柱的实底形成三点重合的精准

黄金线后,继续大跌。据此,"彪哥"提出了如下 3 个问题:

(1) 为什么有 3 根黄金柱支撑的股票还是要大跌?

(2) 为什么这只股票在 D、E 点回踩精准线后没有大涨?

(3) 为什么在 G 点回踩精准黄金线后还会继续大跌?

这 3 个问题的核心是第一个问题。只要解决了第一个问题,后面两个问题自然就解答了。王子老师在《量柱擒涨停》中讲过,黄金柱后 3 天的收盘价是否逐日上升,将决定黄金柱的质量和存亡。只要用这一招,就能发现这 3 根黄金柱的通病是有名无实。实际上,这就是"真假黄金柱"的问题。

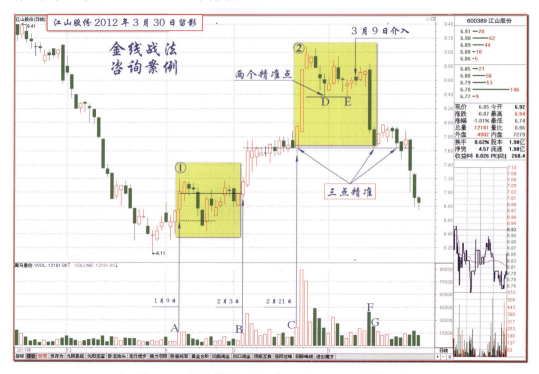

图 11-1　江山股份 2012 年 3 月 30 日留影(一)

图 11-1 的 A 柱,其后 3 天的收盘价逐日降低,有逐步衰弱的趋势,价柱性质是"阳阴阴,要小心",果然第四、第五天突然下跌,甚至跌破了 A 柱的虚底平衡线。尽管第六天中阳崛起,但此后连续 7 天都不能有效回到 A 柱的实顶上方。图 11-1 黄色方框①里的走势,无支无撑,杂乱无章,显然是 A 柱用力过猛,元气丧失,在对手盘的打压下,疲于应付,茫然无措,此黄金柱的功力荡然无存。所以这根 A 黄金柱名存实亡。

再看 B 黄金柱后 3 天的价柱实体是"大小小,不可靠",从 B 到 C 之间的 11

根价柱，无论用哪个价位连线，竟然找不到一个可以左支右撑的点位，也就是说，这 11 根价柱都是漂浮的空中楼阁，完全凭借主力的银子堆砌着，一旦哪个银子松动，这空中楼阁就会突然坍塌。请看图中最右侧的 3 根大阴线，刚好对应着 B 柱后面的空中楼阁，将 B 柱后面 11 天的攀升全部吞没。B 黄金柱原本就没有根基，因为 A 柱虚空，B 柱也就摇摇欲坠。

再看 C 黄金柱。它本身是小倍量柱，比较含蓄，但是其右侧的这根"高倍量柱"剑拔弩张，非常张扬，其后 3 天的收盘价逐日降低，实体是"大中小，要下掉"，和 A 柱后面 3 天的走势极为相似，有逐步衰弱的趋势。果然，其后第四、第五天突然下跌，与 A 柱后面的走势如出一辙。大家仔细看看，C 柱后面的 15 根价柱，没有一处价位得到过任何支撑。也就是说，C 柱后面的价柱都是悬浮的空中楼阁，随时都有坍塌的危险。果不其然，3 月 14 日大盘大跌，该股应声垮塌，F、G 两根巨阴，眨眼间回到了 C 柱的起跑线上。

由此可见，黄金柱是金线战法的基础。基础不牢，迟早会倒。该股自 3 月 14 日以来的狂跌，就充分说明了这个问题。量学理论认为，股市是量价平衡的科学，看黄色方框②中的对称图形，左侧大阳刚好对应着右侧大阴，左侧小阳刚好对应着右侧小阴，一阴一阳，遥相对应，犹如孪生兄弟，这不能不说是阴阳轮回的平衡法则。如果我们再把方框①和方框②的走势对照起来看，还可以找到许多极为相似的阴阳对应形态。

综上所述，对于黄金柱的研判，不能仅仅注重其"形似"，而要注重其"神似"，不能单纯看"形式"，而要重点看"形是"。只要用黄金柱的标准来看这个庄家，他既不是"踩头"的强庄，也不是"踩腰"的精庄，更不是"踩脚"的狡庄，而是有勇无谋的"愣庄"。

第二节　金线战法的核心：跟着主力走

金线战法的核心是黄金线。黄金线既不是用来看的，也不是用来玩的，而是以此为杠杆来撬动市场的，所以它是价柱下蹲与起跳的依托。它如同战场上的战壕和掩体，依托战壕作战的，往往有攻有防，进退自如，是训练有素的队伍；不依托战壕作战的，往往有攻无防，被动挨打，是愣头愣脑的队伍。

为什么说上面这只股票是个"愣庄"呢？来看图11-2。

现在，我们姑且把上面一讲的结论抛开，承认A、C、E这3根柱子为真黄金柱，但是，只要用标准的黄金线来衡量，问题就出来了。

来看图11-2，我们取A、C、E这3根黄金柱后3天最低实底B、D、F画出3条黄金线，这3根柱子后面的走势除了上一节讲述的问题之外，它最大的弱点就是"有攻无防"，活像有勇无谋的"愣头青"。

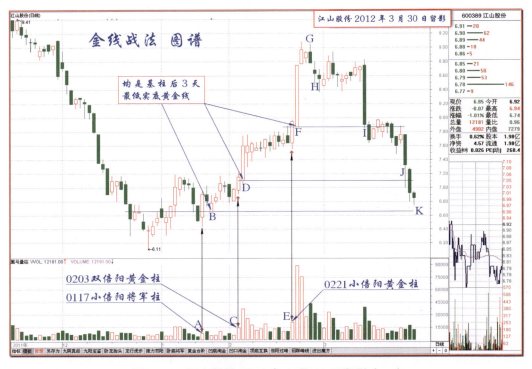

图11-2　江山股份2012年3月30日留影（二）

A、C、E这3根价柱的攻势都很凌厉，但是它们后面3天的价柱都是先强后弱，逐步走低，显得力不从心。为什么力不从心？来看这3根价柱后面的走势，没有一根价柱的底部与其他价柱相呼应，也就是说，没有一根价柱踩实过任何量线，都是急匆匆地往上攻，就像一个初上战场的"愣头青"，只知道进攻，不知道防守，既不踩顶，也不踩腰，更不踩脚。这种没有"生根"的上攻，迟早会败下阵来。

然而，E柱后面第四天即显疲态，G柱高开高走，被对手打了一记阴棍，当即缩头下跌，次日H柱跳空下跌，此后虽有两波上攻动作，但是每根价柱依然没有踩实，没有"生根"，所以每一波的高点逐步走低。

最"愣"的动作发生在I柱即3月14日，庄家还想高开高走，谁知大盘大跌，对手或同伙先于他出逃，他不得不垂头向下，留下一根巨大的阴棒，与忽棱上攻的 F 柱遥相呼应，来了个忽棱下跌。

至此，忽棱虚攻的"愣头青"，不得不"愣头逃"，逃跑时的价柱没有踩住任何量线（即没有生根），慌不择路，一泻千里。只是最后的 K 柱有点意思，最低价 6.74 元，与 A 柱左侧的第一根大阴实顶不谋而合。

这时的"愣头青"，在经历了将近 3 个月的考验之后，终于醒悟了：只有踩实了黄金线，才有上攻的跳板。可以预见，这么有实力的庄家，如果加上谋略，该股后面的走势将不可限量。但愿他下一轮不再是"愣庄"了，实力加智力的组合，才可能成为一个"精庄"。因为庄性是可以改变的。

2013 年 3 月 29 日验证，见图 11-3。

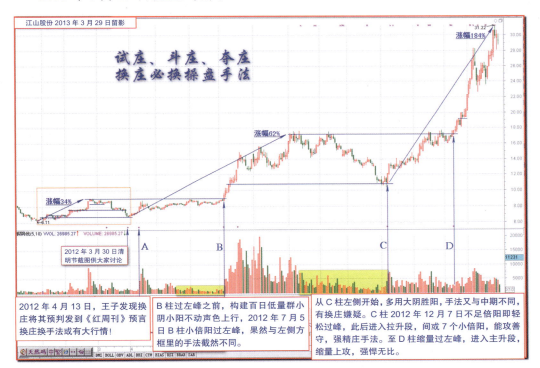

图 11-3　江山股份 2013 年 3 月 29 日留影（三）

2012 年 3 月 30 日在股海明灯论坛讨论这只股票后，王子老师于 2012 年 4 月 13 日在《红周刊》预言这只股票的庄家有实力无谋力，如果实力加上谋力，才可以大有作为。

此后，2012 年 7 月 5 日王子老师在股海明灯论坛点评，该股暗中实现阳胜过左峰，智力加实力的结果，迎来一波强反弹。

再后，2012 年 12 月 7 日再次点评，该股以不足小倍阳过左峰，控盘好，有谋略，有换庄嫌疑。

果然，该股创造了一轮波澜壮阔的牛股行情，从C柱2012年12月7日开始至2013年3月29日留影时，涨幅高达184%（参见图11-3中的标注）。

第三节　金线战法的灵魂：用活黄金线

金线战法的灵魂是看门道。俗话说：外行看热闹，内行看门道。打拳的看拳路，唱戏的看站相。同样，一个庄家在股市上一走，你就应该看出他是什么角色。

下面来看图11-4所示的案例。

图11-4　香溢融通2012年3月30日留影

图11-4是"香溢融通"与"江山股份"第一图同一天的留影，同一天的点评。从当时的情况看，这只股票明显比"江山股份"要强。这里有什么门道呢？

图11-4中标示了A～J共10根量柱。用黄金柱的标准来衡量，A～G这7根量柱都是黄金柱，我们按照黄金线的标准给它们分别标出黄金线，令人吃惊的情况发生了：

第 11 章 伏击涨停的核心——金线战法三步曲

每根黄金线的右端都有价柱的实底或虚底踩在线上,而且是精准回踩,一触即弹,黄金线仿佛就是一个跷跷板,这个庄家每次都是借助弹力起跳,一跳就是一个台阶,把黄金线这个杠杆用得恰到好处。

下面来看这 7 根黄金柱之间的组合:除了 B 是踩着 A 线右端的大阴实顶起跳之外,C 踩着 B 的实顶起跳,D 踩着 C 的实顶起跳,E 踩着 D 的实顶起跳,F 踩着 E 的实顶起跳,G 平着 F 的实底起跳。

步步回踩,步步抬升,稳稳当当,扎扎实实。和前面讲过的"愣庄"相比,他是什么庄?是"稳庄"?对了!跟着这样的庄家做股票,既是一种煎熬,也是一种享受。所谓"煎熬",就是因为他做的股票不紧不慢,四平八稳,从 A 到 I,没有一个涨停板;所谓"享受",就是因为他做的股票往往前紧后松,涨幅惊人。

2012 年 3 月 30 日,该股逆市涨停,可以预见其后势至少有 3 个涨停板。为什么?我们在图 11-4 的 H、I、J 柱上画 3 条线(见图 11-5),看是什么效果。

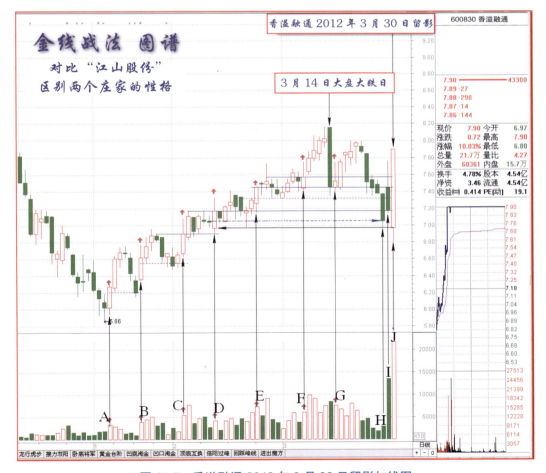

图 11-5 香溢融通 2012 年 3 月 30 日留影加线图

如图 11-5 所示，我们以 H、I、J 这 3 根量柱对应的价柱实底画线。

以 H 柱的实底画水平线，刚好与 D 柱的实底黄金线无缝精准重合；

以 I 柱的实底画水平线，刚好与 D 柱的实顶黄金线无缝精准重合；

以 J 柱的实底画水平线，刚好与 D 柱的实底黄金线无缝精准重合。

这 3 次精准重合难道是巧合吗？不是！从 A 柱开始的上升，每个台阶都有精准线相伴。同样，从 3 月 14 日大阴开始的下跌，几乎都有精准线相随。来看 3 月 14 日大阴的实底，刚好与 E 柱的实顶无缝重合。涨停日前一天的 I 柱实顶，也与 E 柱的实顶无缝重合。这一系列精准重合，说明庄家是在有计划、有步骤地撤退，与江山股份慌不择路地逃跑大相径庭。

2012 年 4 月 27 日的验证结果见图 11-6。

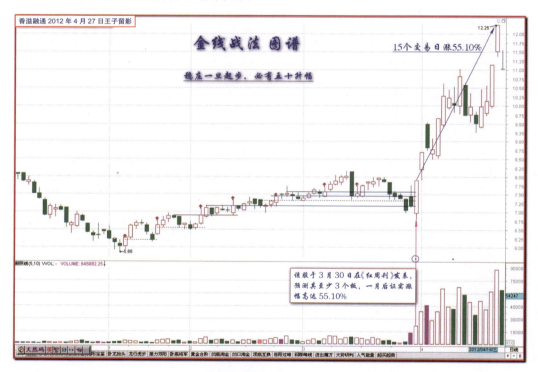

图 11-6　香溢融通 2012 年 4 月 27 日留影

前期的江山股份跌跌不休，前期的香溢融通跌而有度。只要看出了庄家的本性，我们就知道应该与哪个庄家合作了。

对于初学者来讲，你们认为和哪种庄家合作最有前途？对！与强庄合作最有前途。

和前面讲过的强庄、精庄、狡庄相比，这里又多了"愣庄"和"稳庄"两个类别。除此之外，还有一种"阴庄"，就是专门借助大阴实顶或大阴实底作攻防线的庄家。我们将在"阴线战法"中详细讲解，这里不再多述。

第12章
伏击涨停的杠杆
——黄金双线战法

有读者来信咨询:"我按照'金线战法'的方法进行操作,十有八九很准。可是有时跌破黄金线后,仅隔几日它就昂首向上,想追都追不着。这是什么原因?"王子老师答曰:原因非常简单,这是因为你设置的黄金线是静态的、单一的,没有根据主力的行为进行动态调整,也没有形成有效的"攻防双赢系统",所以往往会出现"线下一抛就涨"的尴尬。针对这种情况,本文提供一种攻守兼备的"黄金双线战法",希望对广大读者有所帮助。

第一节 "黄金双线"的基本原理

所谓"黄金双线",就是依托黄金柱设置的上下两条黄金线,上线主攻,下线主守,形成一个攻守兼备、进退自如的"攻防双赢系统"。

下面来看图 12-1 所示案例。

图 12-1 中 A 柱为标准黄金柱,依 A 柱后 3 天最低实底画线,刚好与 A 柱实顶重合,所以取 A 柱实顶画黄金线 A1,然后以 A 柱虚底画黄金线 A2(注:A2 可以先画在 A 柱的实底上,然后根据主力的动作作适当调整。本例中的 A2 就是根据 B 柱前一天"长腿踩线"的动作调整到 A 柱虚底的)。

当这两条黄金线画好后,主力的攻防动作和意图就一目了然了:

黄金线 A1(上线)是保护自己的,A 柱右侧所有的打压都与 A1 线不即不离,即使偶尔击穿也会很快收上去,说明主力非常看重 A1 线的得失。

黄金线 A2(下线)是打击对手的,B 柱前一天的"长腿踩线"最低点刚好回踩 A2 线即迅速收上去,再度回到 A1 线的势力范围。

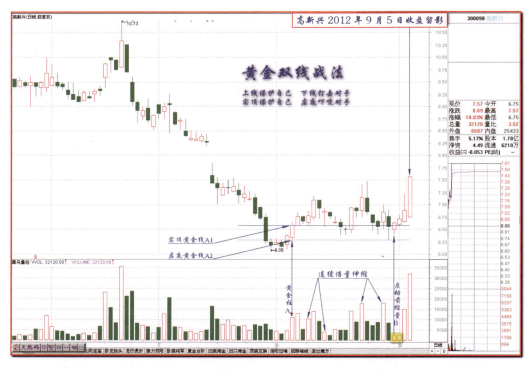

图 12-1　高新兴 2012 年 9 月 5 日收盘留影

再看 A、B 二柱之间，多是长阴短柱和倍量伸缩，这个区间就是打压蓄势区间，B 柱倍量收缩，次日量平价升，是启动的前兆。果然，B 柱后第 3 天开盘后 10 分钟即封死涨停。涨停日量柱不足一倍，价柱左侧上方是跳空缺口，没有成交量，次日必有大动作。

A、B 两根柱，A1、A2 两条线，构成进退自如、攻防兼备的"双线系统"，就是我们要讲的"黄金双线战法"。

第二节　"黄金双线"的设置秘诀

我们在"金线战法"里专门讲解了"黄金线"的 5 种基本画法：

一是"以黄金柱后 3 天的实底或虚底画线"，即有"虚实"两种画法；

一是"以黄金柱自身的实顶、实底、虚底画线"，即有"实实虚"3 种画法。

这 5 种画法，到底以哪种画法为准呢？我们多次强调过：黄金线的基本画法只

第 12 章 伏击涨停的杠杆——黄金双线战法

是我们的"预期","预期"的目的是"预判"主力将要怎么做,如果你的预期与主力的行为一致,这就是正确的预期;否则,就是错误的预期。换句话说,我们的一切"预期"都要以主力的"后期"动作为标准,也就是说,正确的画法是主力告诉我们的,主力的行为适合哪条线,哪条线就是正确的。

从这个意义上讲,"黄金双线"就是以黄金柱为依据,以主力的动作为准绳,确认一条"上线"、一条"下线",然后用这上下两条黄金线来预测主力的行为和方向,从而做出正确决策的"双线系统"。

从图 12-1 的案例可知:确认"黄金双线"上线和下线的位置非常重要,它是决定"双线系统"是否有效的关键。确认"黄金双线"的秘诀就是"先找实,后找虚,微调抓战机"。这句话的关键是"先实后虚,微调找底"。任何"底"都是主力做出来的,在他的底做出来之前,我们的任何主观臆测都是不可靠的,所以,我们要根据主力的行为及时调整"下线"。

下面来看图 12-2 的这个案例。

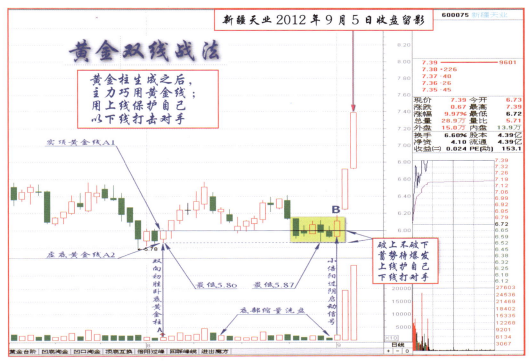

图 12-2 新疆天业 2012 年 9 月 5 日收盘留影

上线的确认:这是比较简单直观的,只要找到了黄金柱,基本上就找到了上线。图 12-2 中 A 柱为"双向初胜阴的卧底黄金柱",A 柱次日的实底与 A 柱的实顶同值,因此黄金线 A1 即画在黄金柱的实顶上，此为上线。

下线的确认：这是比较复杂麻烦的，需要根据黄金柱右侧的走势和其量柱价柱的组合情况予以综合研判。首先，图 12-2 的下线 A2 可以定在 A 柱的实底上，因为 A 柱次日的虚底与之持平，符合黄金线的设置条件，但是，我们的图中没有标出这条线，因为在 A 柱后 3 天还不能确认行情的演变到底会怎么样，所以"当下"还不能确认下线的最终位置。只有到 B 柱前两天的"长腿踩线"出现后，才能将 A2 黄金线确定在 A 柱的虚底上。这就是"微调"。

为什么要这么"微调"？来看图 12-2。

第一，看黄金柱 A 右侧的走势基本上没有跌破黄金线 A1，只是在图中黄方框内有 6 天跌破 A1 线，但是，最低点却与 A 柱的虚底精准对应，这时，我们可以初步确认应该在 A 柱的最低点画出下线 A2。

第二，看黄方框内的第 5 天，价跌量缩，量柱萎缩成百日低量柱，次日，B 柱小倍阳轻松过上线，一举收复了前 5 天的跌幅，所以，我们就能准确判断这里是主力"做出来的底"。

第三，看 A、B 柱之间，多用"长阴短柱"和"倍量伸缩"的手法，"长阴短柱"是"故意打压对手的洗盘"，"倍量伸缩"则是"一朝分娩前的躁动"。可见 A2 黄金线设在 A 柱的虚底是正确的。

当A1、A2 这两条黄金线形成后，即与 A、B 柱形成了一个"联攻联防"的"双线作战系统"，仿佛是上下两道战壕，上下配合，攻防兼备，进可以攻，退可以守，如果你是庄家或主力，应该好好应用这套战法，这就是不可多得的"黄金双线战法"。

其优点之一，前面 15 天不破上线，可见上线是用来保护自己的。

其优点之二，后面 5 天跌破上线却不破下线，说明下线是用来打击对手的。请看跌破上线后的成交量，逐步萎缩直到形成百日低量柱，至 B 柱，一个小小的小倍阳就轻松过上线，并且收复了前 5 天的阴柱，可见主力已将对手制伏，扬扬得意之态跃然图上。

其优点之三，在 A 柱和 B 柱之间，有足够的空间和幅度用来调戏对手或击垮对手，加上 A1 和 A2 两条黄金线的布控，可以让许多高手经不住折磨而抛出筹码，你得手后扬长而去，谁也追不上你。新疆天业的连续两个板，就得益于这个精美的"黄金双线系统"，它后面还有可观的涨幅，大家可以关注。

第三节 "黄金双线"的灵活应用

2012年9月5日（周三），大盘再创新低，最低点达到2029点。就是在如此低迷的行情下，两市居然有29只股票涨停，仔细分析这些涨停的股票，竟有23只使用了黄金双线战法。由此可见，黄金双线战法是一种"全天候"的战法，即使在行情低迷时也能为我们创造效益。我们该如何使用这个战法呢？

从上面的分析可以发现，在黄金双线战法中有3组要素：一是"A、B二柱"，二是"上下二线"，三是二柱之间的"量价组合"，它们或一前一后，或一上一下，或错落接力，各司其职，共同组成了黄金双线战法。现将这3组要素解剖如下。

1. 关于"黄金双线"的A柱

"黄金双线"固然很好，但是，离开了量柱，量线就是无本之木。笔者在《量线捉涨停》里曾经讲过：量线的生根法则就是指量线必须从关键量柱中自然生发出来，它必须是量柱的影子，而不是人工的雕琢。正是从这个意义上讲，A柱是"黄金双线"的基石。

关于A柱，它首先必须是下降途中"扭转乾坤"的"转势柱"（即将军柱），最好是"双向初阳胜阴"的"长阳矮柱"。"双向初阳胜阴"就是量柱和价柱双向初步盖阴，这是阳胜的标志；"长阳矮柱"就是长长的价柱对应着矮矮的量柱，这是含蓄的标志，表明主力赢而不扬，显得稳重内敛，坚毅刚强，才有向上的潜力。

下面来看图12-3所示案例。

图12-3中的A柱就是长阳矮柱，如果不把图片放大，你很难看出它是一根小高量柱。它刚刚攻到左阴实顶即打住，也是恰到好处。其后两天价升量缩，完全符合黄金柱的确认标准。所以我们用它作A柱。

选好了A柱，接下来的工作就是确认上下线，方法前面已讲过，此处不再赘述。剩下的工作就是选择B柱了。

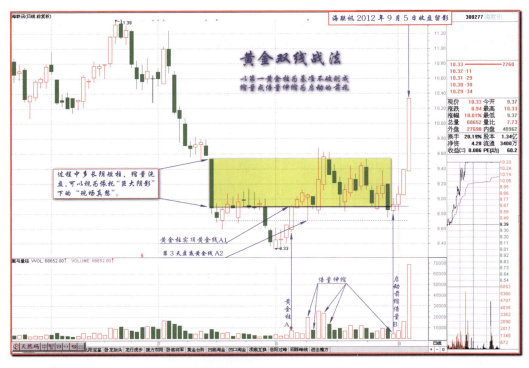

图 12-3 海联讯 2012 年 9 月 5 日收盘留影

2. 关于"黄金双线"的 B 柱

黄金双线战法中的 B 柱，不一定要求它是黄金柱，但一定是位于"长腿踩线"右侧的第一阳柱，它一般是本波段下跌中的低量柱或小倍阳柱。"第一阳"，说明这里有转势的可能；"低量柱"，说明这里调整到位；"小倍阳"，说明这里即将转势。

总之，A、B 柱都应该是"转势柱"，它们和"接力小双阳"一样，前者是刹车，后者是换挡，再后面才是加油和拉升。是不是所有具有 A、B 二柱功能的股票都能涨停呢？不是，它还必须具备下面第三个要素，即具有必需的涨停基因。

3. 关于"黄金双线"的涨停基因

大千世界的万物都是由其特定的基因组成的，股票也不例外。一只股票能不能涨停，也与它有没有涨停基因密切相关。前面的案例告诉我们：在 A、B 二柱之间往往隐藏着密集的涨停基因；因为涨停基因的密集呈现，往往是一只股票从"十月怀胎"到"一朝分娩"的"临盆前兆"。在黄金双线战法的 A、B 二柱之间，都有哪些涨停基因呢？

下面来看图 12-4。

从图 12-4 中可以看到，在 A、B 二柱之间共计 20 天，其涨停基因有：

（1）倍量伸缩，有 7 处；

（2）长腿踩线，有 3 处；

（3）长阴短柱，有 8 处；

（4）假阴真阳，有 2 处；

（5）精准踩线，有 12 处。

20 天的时间内，竟有 32 处涨停基因，平均每天 1.6 个涨停基因，其密集度可想而知。我们再往前看，前面的案例和此例有惊人的相似之处：A、B 二柱之间隐藏着相同的涨停基因，即"倍量伸缩""长腿踩线""长阴短柱""假阴真阳""精准踩线"。

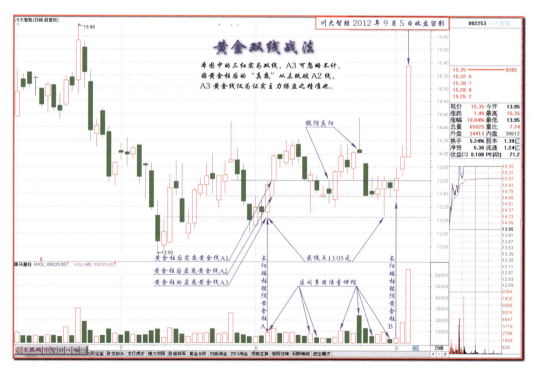

图 12-4　川大智胜 2012 年 9 月 5 日收盘留影

本章的 4 个案例都是 2012 年 9 月 5 日（周三）的案例，同一时间、同一类型、同一动作（涨停），这难道是巧合吗？绝对不是，这是规律。

我们多次讲过："涨停无定式，涨停有规律。"只要找到了规律，伏击涨停就不再是神话，而是佳话。这 4 个案例向我们揭示了什么规律呢？来看涨停基因的暗示：

"倍量伸缩"，暗示主力控盘良好，反复试盘；

"长腿踩线"，暗示主力依托金线，打击对手；

"长阴短柱"，暗示主力控盘到位，清洗浮筹；

"假阴真阳"，暗示主力故意作态，迷惑对手；

"精准踩线"，暗示主力精打细算，稳扎稳打。

所有的动作都说明一个问题：主力控盘良好，即将择机启动。为什么这4只股票能在同一天涨停？这个涨停机会能提前把握吗？能。只要你真正读懂了前面这4个案例，你也可以提前伏击。

第13章
伏击涨停的阶梯
——黄金十字战法

前面讲的战法多是"战术性"的,其时效性相对较短,本章要讲的"黄金十字架战法"则是"战略性"的,其时效性相对较长,要求也很高,是基于基本战术之上的高级战法。如果前面的战法没有弄懂吃透,是很难掌握的。就我们对股海明灯论坛伏击涨停的调查来看,"黄金十字架战法"比其他战法的业绩要提高两成左右,但也有不少人经常失误,究其原因,他们只是应用了十字架的表象,没有抓住其本质。

第一节 什么是"黄金十字"

要想弄懂"黄金十字架",首先要弄懂"自然十字架"。下面来看图13-1。

按照黄金柱的确认标准,图13-1中有A～E、G共6根黄金柱,我们给这6根黄金柱画一条竖线作为标识,然后以黄金柱右侧最低点画一条水平线,如果刚好与其左侧的某个"要点"重合,就与先前画的竖线形成了一个"十字架",这就是"自然十字架"。

图13-1中的6个自然十字架中,有A、G、D这3个十字架(见圆圈处)形成了"左支右撑"的格局,并且其左支右撑相当精准,这就是"精准十字架"。其中的B十字架右底比左顶要高一点点,但其右侧的3个低点精准重合,也是"精准十字架",其他稍有错位的,就是一般的"普通十字架"。

如果普通十字架的水平线与将军柱或黄金柱的攻防线重合,那才是我们要讲的"黄金十字架"。图13-1中A与B的水平线刚好与黄金柱的黄金线重合,所以它们是黄金十字架。

凡是用黄金十字架起步,形成连续3个黄金十字架组合(中间可以夹杂1个普通十字架,如图13-1中的G),其后涨幅一般可达30%左右,这就为我们的操作提供了"战略性"参考价值。说穿了，十字架就是顶底互换，只是这里的顶底互换借助了黄金柱的支撑，所以，十字架有如下3个特点：

第一，十字架是无形的，需要我们去发现它，精准有序地标示它。

第二，十字架是对称的，左支右撑是其形态，顶底互换是其本质。

第三，十字架是平衡的，黄金柱是它的身躯，精准线是它的臂膀。

也就是说，同时具备以上3个特点的十字架，才是我们需要的十字架，否则，再好的十字架也不是我们需要的。同时具备以上3个特点的十字架，其核心是黄金柱，其质量是精准线，其科学名称应该为"黄金精准十字架"。为了叙述的方便，我们简称为"黄金十字架"。

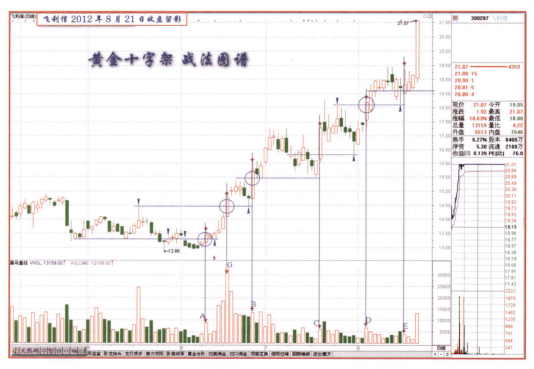

图 13-1　飞利信 2012 年 8 月 21 日收盘留影

第二节　如何寻找"黄金十字"

根据十字架的上述3个特点，寻找黄金十字架的方法非常简单：

第一步，先要找到走势中的将军柱（或黄金柱），用竖线标示出来；

第二步，以将军柱或黄金柱右侧的最低点向左侧画水平线，只要其左侧有峰顶（或实顶）切合该线，并形成了"左支右撑"形态，就是普通十字架；

第三步，如果普通十字架的水平线刚好与将军柱（或黄金柱）的攻防线（或黄金线）重合，就是黄金十字架。

下面来看图13-2所示案例。

图13-2　长征电器2011年4月1日收盘留影

这是我们2010年12月31日收盘时推荐的一只股票。图13-2中有A～E共5根将军柱，根据"价升量缩"的原理，其中B、C、E升格为黄金柱，根据"先者优先"的原理，A柱和D柱升格为黄金柱，也就是说，这5根将军柱都升格为黄金柱了。

接着，我们在其对应的价柱上分别给它们标示出一条短竖线，作为支点线。

然后，我们以这5根黄金柱后3天的最低点画水平线，与竖线相交，就形成了十字架。

黄金十字架的画法就这么简单。这种方法不但可以用在日线上，还可以用在周线、月线、分时线上。大家可以试试。

图13-2中的十字架，都是黄金十字架，而图13-1中的十字架除了标有圆圈的4个十字架以外，其余都是普通十字架。它们的共性是连续3个黄金十字架托底，

127

其后涨幅都在 30% 以上。正是因为它们具有这样的预测效果，所以能够帮助我们实现"战略性"选股。

第三节　如何应用"黄金十字"

首先，我们对于黄金十字架的研判，一定要有提前量，要有预测。

看图 13-2 中的十字架，这 5 条横线中的前四条有一个共同特点，即它们的右侧都是"回踩点"，左侧都是"支撑点"，A 线与左峰相切，B 线与左侧实顶相切，C 线、D 线的左侧都与某个极点相切，形成"左支右撑"的天平式精准平衡线。只有 E 柱上的十字架没有形成"左支右撑"的架势，而是"左浮右悬"的架势。

我们再看这 5 个十字架后面的走势，凡是坐实了"左支右撑"的，踩线就能向上，在 A、B、C、D 这 4 个"左支右撑"的十字架后，攻势迅猛；而在 E 这个"左浮右悬"的十字架后，却跌穿了左侧的十字架。

再看这些十字架上的 K 线组合。以十字架为中心的 K 线都是"阳盖阴"的走势，也就是说，它们是依托十字架展开上攻的。

坐实也好，依托也好，都是以十字架为中心的上攻行情。这就为我们提前预测其后的走势提供了依据。

根据黄金十字架的这种特性，我们完全可以做到提前布局，即：在黄金十字架的右侧等候时机，一旦发现有坐实十字架的时候，就可以大胆介入。打个最简单的比方：黄金十字架就是起跳板，一旦发现主力踩住起跳板，只要他一抬脚，就可以大胆跟进。

下面来看图 13-3 所示案例。

图 13-3 中可见 6 条横线，它们依托黄金十字架，回踩平衡线后的次日都是介入点，而且是最佳介入点。

有学员问："为什么不能在回踩十字线的当天介入？"

我们多次强调过一个观点：我们炒股不是赌博，再好的技术也有出错的时候。所以，任何一个低点或高点都不能自己确认自己，必须由它右边的柱子予以确认。提前介入固然好，确认之后介入更好。图 13-3 中的 A～F6 处都是可以确认升势的地方，所以它们才是最佳介入点。

第 13 章 伏击涨停的阶梯——黄金十字战法

图 13-3 三爱富 2011 年 4 月 1 日留影

第四节 如何修正"黄金十字"

我们说过，股市是平衡的艺术，平衡线无处不在却又飘忽不定，你今天看到的黄金十字架，也许它明天就不见了，变成了毫不值钱的破烂线，特别是越接近黄金十字架的地方，那个十字线的变幻越玄妙。因为，只要主力稍加一把力，用几手筹码，花几笔闲钱，就能打乱你的黄金十字架格局。那么，我们如何对付这种变化呢？很简单，这和黄金双线战法一样，请庄家或主力帮助我们画线，说穿了，就是用平衡线来修正十字线，用距十字架最近的平衡线来调整我们的十字线。

下面来看图 13-4 的这个案例。

如图 13-4 所示，根据《量线捉涨停》中"上行找实顶"的原理，我们给它标注了 A～I 这 9 条自然平衡线，这时你如果再把黄金十字架画上去，就会发现一个共性，凡是黄金十字架的横线都有"被跌穿的地方"，然而"自然十字架"却相对稳固。这是什么原因？这就是不同主力对不同股票实施不同战术所造成的不同案例。

图 13-4　华智控股 2011 年 4 月 1 日留影

对于这样的股票，如果你采用"回踩即介入"的方法，就错了。来看图 13-4，如果你在回踩 A 线处介入，你会忍受 B 线下方 10 天的煎熬；如果你在回踩 D 线处介入，你会忍受 E 线下方 12 天的煎熬。这时，最好的方法就是看量柱有没有启动的迹象，有没有小倍阳柱、长阳矮柱、长腿踩线、倍量伸缩等涨停基因，最可靠的方法是在"突破上级平衡线"的时候擒拿。

为什么要在"突破上级平衡线"时伏击？来看下面的案例。

第五节　实战确认"黄金十字"

2012 年 9 月 26 日（周三）大盘创下 4 年来新低，最低跌到了 1999 点，两市 2 000 多只股票发绿，只有 153 只股票飘红，6 只股票涨停，这是极为恐怖的一天。就在如此惨淡的日子里，笔者和雪狼同学成功伏击了"摩恩电气"，该股当天名列两市涨幅榜第一名。我们是如何伏击这只股票的呢？下面来看图 13-5。

第 13 章 伏击涨停的阶梯——黄金十字战法

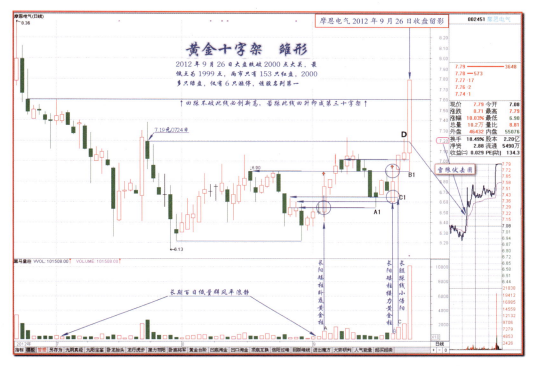

图 13-5 摩恩电气 2012 年 9 月 26 日收盘留影

图 13-5 中的 A 柱（9 月 5 日）是典型的黄金柱，一眼就可以识别。不好识别的是 B 柱，因为它太矮小了，太不起眼了，所以我们来详细分析一下。

首先，B 柱（9 月 21 日）是凹底长阳矮柱，其长长的价柱突破 6.90 元平衡线后回撤，收盘价与前一日开盘价精准重合，是典型的阳并阴形态，有充当将军柱的基础，但它不是双向胜阴，当下还不能确认。

9 月 24 日，C 柱大幅跳空高开，冲过其左侧的大阴实顶 7.01 元平衡线，形成了一根长腿踩线的光头价柱，其向上的攻击力非常强悍。接下来的 C 柱（9 月 25 日）以高于 7.01 元平衡线 1 分钱开盘，攻力更加强势，这时我们可以用"预定黄金柱"的方法确认 C 柱为黄金柱。

由于 C 柱跳空高开，根据"跳空补空"和"先者优先"的原则，黄金柱的责任应该前移到 B 柱，B 柱便成了关键的"转移黄金柱"。

找到了这两根黄金柱，黄金十字架自然就好找了。

首先，A1 线和 A 线形成了第一级黄金十字架。

其次，C1 线和 B 线形成了第二级普通十字架。

最后，以 8 月 17 日大阴实顶 6.90 元画水平线即 B1 线，从左至右有 8 月 23 日、

8月24日、9月13日共4个6.90元精准重合，它们与黄金柱B可能形成双重黄金十字架，因为是提前预判，所以这里只是一个"预设十字架"。

有了前两个十字架托底，对于该股的预测也就有了底气。当"雪狼"同学向我咨询该股时，有一个十分有趣的细节。

下面来看"雪狼"同学在股海明灯论坛的自述：

昨天（9月25日周二）晚上十点左右，我和王子老师一起复盘选股。我一心想选出和"海浪"兄的"恒邦股份"那样的牛股，但选了3只股都被否了。由于当时太心急，我把"摩恩"读成了"摩思"，王子老师在电脑上怎么也打不出这只股，后来我报出代码002451，才找到"摩恩电气"。我们当时的分析思路如下：

第一，其形态是长期"百日低量群"，上方的价柱"波浪滔天"，下方的量柱"风平浪静"，符合牛股的基本要求；

第二，9月5日和9月21日两根黄金柱底部抬高，有十字架接力向上的趋势；

第三，9月24日这天，价柱是"长腿踩线"，非常漂亮，量柱是小倍阳不声张；

第四，最重要的是9月25日的开盘，刚好站在9月10日和9月13日两个大阴实顶平衡线上方"1分钱"的位置，属于"一分战法"的范畴。

以上四个要素都符合涨停基因。王子老师说，要是平时，只要有前三个要素就敢确认买它，但目前中日关系紧张，大盘表现不好，还是要谨慎些。明日（指9月26日周三）应该增加一个要素，就是要能冲上7月24日大阴实顶7.19元，才能确认。于是，我将7.19元平衡线移植到分时图上，看它能否进入我的伏击圈。

今天（9月26日周三）一开盘，该股平开低走，最低点打到6.90元（第三个十字架形成），这时的分时图上基本看不到量柱，我感觉这里是诱空。直到10:45，它突然掉头向上，穿过人线，进入我的7.19元伏击圈，我条件反射地当即扣动扳机，在7.20元成功伏击了它。

上面这段话的重点是"要是平时，只要有前三个要素就敢确认买它，但目前中日关系紧张，大盘表现不好，还是要谨慎些。明日（指9月26日周三）应该增加一个要素，就是要能冲上7月24日大阴实顶7.19元，才能确认"。这就是我们强调的"突破上级平衡线"。

下面看该股在2012年9月26日的分时走势图（见图13-6），看看它是如何"突破上级平衡线"的。

如图13-6所示，"盘前预设7.19元大阴实顶线"，就是用"平衡线移植术"将7月24日大阴实顶的"上级平衡线"移植到分时图中而设置的预警线。

第13章　伏击涨停的阶梯——黄金十字战法

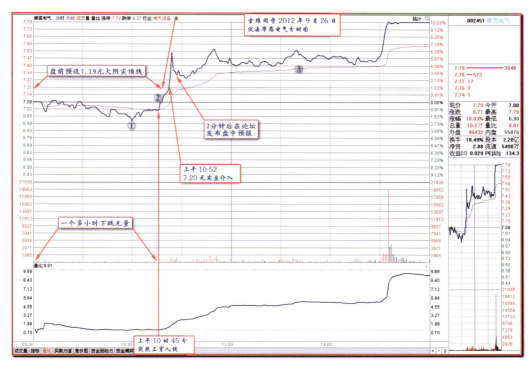

图13-6　摩恩电气2012年9月26日分时图

图13-6中注①为"卧龙波"，注②为零轴线，注③为人线。图中与卧龙波对应的量柱非常微弱，几乎看不到，这是典型的诱空动作；图中卧龙波突破人线之前有一段小小的犹豫波，突破零轴线之前也有瞬间的犹豫，而在突破预警线的瞬间突然发力直冲而过，由此看来，主力对"上级平衡线"的判断非常准确，如果不设置预警线，很难找到准确的伏击点，设置了预警线，就等于设好了伏击圈，猎物一旦进入伏击圈，随时可以扣动扳机将其猎获。雪狼同学就是在10时52分以7.20元实盘介入的，打了一个漂亮的伏击战。

综上所述，我们可以得到如下几点启示。

第一，黄金十字架是可以"预判"的，只要从底部起来的第一个黄金十字架有坚固的基础，第二个十字架有良好的雏形，我们就可以在其"突破上级平衡线"的时候择机介入。

第二，黄金十字架是可以预测"涨幅"的，只要有连续3个逐步递升的黄金十字架，其后一般会有30%的涨幅，如果我们研判到位，可以踏着主力的节奏享受其拉升的乐趣。

第三，黄金十字架的预判一定要结合其整体走势，该股"长期百日低量群"就是基础，重要的是，上方的价柱波浪滔天，下方的量柱风平浪静，说明主力控盘良好，必有大动作。

第四，黄金十字架的右侧一定要有精准回踩黄金线的动作，特别要注意长腿踩线、长阳矮柱、双剑合璧等涨停基因的有机配合，这些动作配合得越密集，涨停的可能性就越大。

第五，黄金十字架的分时图一定要设好预警线，看盘时一定要注意突破预警线之前的量能，若量能含蓄就是突破的前兆，应该跟踪；若量能张扬就可能是假象，应该放弃。

以上，可以看作我们的一只手掌，这5个指头攥紧了就是一记强有力的组合拳。祝大家在今后的实战中取得好的成绩。

第14章
伏击涨停的标杆
——大盘阴线战法

第一节 "阴线战法"的原理

"阴线战法"是量学的精髓之一，它是在人们最恐惧、最厌恶的阴线上发掘多空力量的对比，从股市流体力学中去寻找平衡与精准的艺术。

所谓"阴线战法"，就是根据阴线实体的长短高低、位置的上下前后、分布的远近疏密来测算多空力道，从而研判股价和指数涨跌幅度的一种方法。这种方法简单实用，常常会收到精准神奇的预测效果。

例如 2012 年 4 月 27 日（周五），笔者在收评中截图发表了《五月应是开门红》的盘前测市预报。下面来看图 14-1。

当时配图预报的全文如下：

图 14-1 中右侧标记着我们对后市的三个判断，请自下而上看图：

第一，看量柱：缩量双阴精准回踩灯塔线 B 线，不破，是向上的征兆；

第二，看量线：大阴实顶平衡线与斜衡线的交叉处往往有中到大阳出现；

第三，看价柱：左侧大阴对应的右侧平行处往往有中到大阳出现。

所以，我们对 5 月的行情充满期待，"五月开门红"应该不是问题。很有可能是中到大阳突破 2427 平衡线，向 2450 挺进。个股方面，宜关注大盘蓝筹股如金融、有色、证券股的动向，可能有惊人动作。

注意：上述判断，使用了 3 个阴线战法技术术语。在节前以如此肯定的语气预报节后走势，是有一定风险的，因为"五一"节前后有一周不确定因素。以阴判阳，能否成功，关键要看"五一"节后第一个交易日的行情。

"五一"节后的第一个交易日，2012 年 5 月 2 日，是一个值得纪念的日子。

图 14-1　上证指数 2012 年 4 月 27 日留影

"五月开门红,有色加金融",和我们盘前预报的完全吻合,而且多处吻合。

节后的大盘果然来了个中阳,而且是精准回踩 2407 点的中阳。2407 点平衡线是我们于 4 月 18 日标示的,盘前预报时专门强调了它。

节后的大盘果然上触灯塔线,而且是精准触及灯塔线。灯塔线也是我们于 4 月 18 日生成的,盘前预报指出其当值(当天的值)在 2450 点左右,实际最高点 2446。盘前预报关键点为 2439 点,收盘为 2438 点,仅仅相差 1 个点。

下面来看图 14-2。

如图 14-2 所示,这么多预报点位在同一天精准兑现,难道是偶然吗?不是!这里既有斜衡线与平衡线交叉处的魅力,又有黄金柱和灯塔线的魅力,更重要的是阴线战法的魅力。阴线战法帮助我们完成了无数次大盘的精准预报,也帮助我们完成了无数只个股的精准预报。用一位机构掌门人的话说:你这不是"阴线战法",而是"阴险战法"!

正是机构和庄家的"阴险",才有了股市的"阴线",我们的阴线战法就是对机构和庄家"阴险战法"的解剖。有了这把解剖刀,我们就可以比较有把握地解剖庄家或主力,比较精准地预判大盘或个股的近期走势。

第 14 章 伏击涨停的标杆——大盘阴线战法

图 14-2 上证指数 2012 年 5 月 2 日留影

关于"阴线战法",后面介绍几个最重要的战法。

第二节 "大阴实顶"的奥秘

最简单实用的"阴线战法"就是"大阴实顶"。

这里讲的"大阴实顶",是指"距当前最近的平行的大阴线的实顶(开盘价)",只要用"最近的平行的"标准来衡量,有些"小阴"就变成了"大阴",相反,有些"大阴"也会变成"小阴"。所以,这里的"大阴"不是绝对的,而是相对的。

例如,从图 14-2 中可以发现:2012 年 5 月 2 日的最低点 2407 点,刚好就是 3 月 20 日的大阴实顶(开盘价)。那么,我们盘前预报的关键点位 2439 点又是怎么得来的呢?其实非常简单,就是以 3 月 6 日的实顶(开盘价)2439 点画水平线而来。

也许有人说,你这是碰巧的吧。那么,我们还是用同一个标准,在上证走势图上以"距当前最近的平行的大阴实顶画线",神奇的事情接踵而至。

来看图 14-3。

图 14-3 中有 A～F 共 6 条水平线，都是按照同样的标准，即"以当前最近的平行的大阴实顶（开盘价）画线"所形成的平衡线。

图 14-3　上证指数 2012 年 5 月 2 日留影

E 线就是 5 月 2 日盘前标注的 2439 点（实际收盘为 2438 点）；

D 线就是 5 月 2 日大盘精准回踩的 2407 点平衡线；

其他几条线也是精准对应着几处关键点位。仔细研判，居然发现许多奥秘：

A 线右侧有 1 次虚实对应；

B 线右侧有 2 次精准对应；

C 线右侧有 2 次精准对应；

D 线右侧有 4 次精准对应；

E 线右侧有 2 次精准对应；

F 线左侧有 1 次精准对应。

纵观这 6 条平衡线，在 19 个交易日里竟出现 12 次左侧精准对应（当然也帮助我们做了 12 次精准预报），这难道还是巧合吗？绝对不是。

这里蕴藏着相当丰富的股市运行规律，蕴藏着股市波动的力学原理。只要沿着这个思路去探索，你将会发现许多简单而神奇的东西。这种方法不仅对大盘有效，对个股同样有效。

第三节 "大阴中线"的奥秘

有位记者跟踪股海明灯论坛的盘前预报已有 3 年多了，看到我们对于大盘的盘前预报精准兑现率高达 70% 以上，经常是说哪个点位大盘就到哪个点位，一点也不差，最多是时间上错位一两天，他问笔者有什么秘诀。

我对着大盘比划了几下，和他说了几句悄悄话，他突然大叫起来，原来这么简单呀！是的，任何人知道这个秘诀后，都会惊呼。

大家想不想知道？想！你们看，我又说漏嘴了，那就把我的"看家本领"全抖出来吧。

下面来看图 14-4 的这个案例。

图 14-4　上证指数 2011 年 8 月 10 日留影

图 14-4 是笔者在人大证券投资实战特训班上的案例。因为是第一次在人大讲课，来自全国的高手们都想探测王子老师的功夫，要王子老师预测一下大盘。大家知道，2011 年 8 月 8 日是标普公司下调美国信用评级后全球大跌的"超级黑色星期一"。图 14-4 是 2011 年 8 月 10 日（周三）上证指数的收盘留影，图中介绍了美国被下调评级后笔者对大盘的预测，观点非常简单，以 8 月 8 日大跌形成的"大阴中线"2555 点为准，站稳了就继续反弹，站不稳就必然下探（注：这里的"大阴中线"的"大阴"，就是特指 80 点左右的"巨阴"）。

来看图 14-4 右下角的分时走势。大盘在 2555 线上 3 次回踩，3 次跳跃，只是在最后半小时突然跌破 2555 点，收在 2549 点，不偏不倚，精准回踩我们的灯塔线 D 线。奇迹。当天收盘后，笔者再次发布预报，要求大家以 2555 点为参考，大跌可以大买，大涨不要大卖。结果如何呢？

我们来看图 14-4 留影后次日的大盘走势（见图 14-5）。

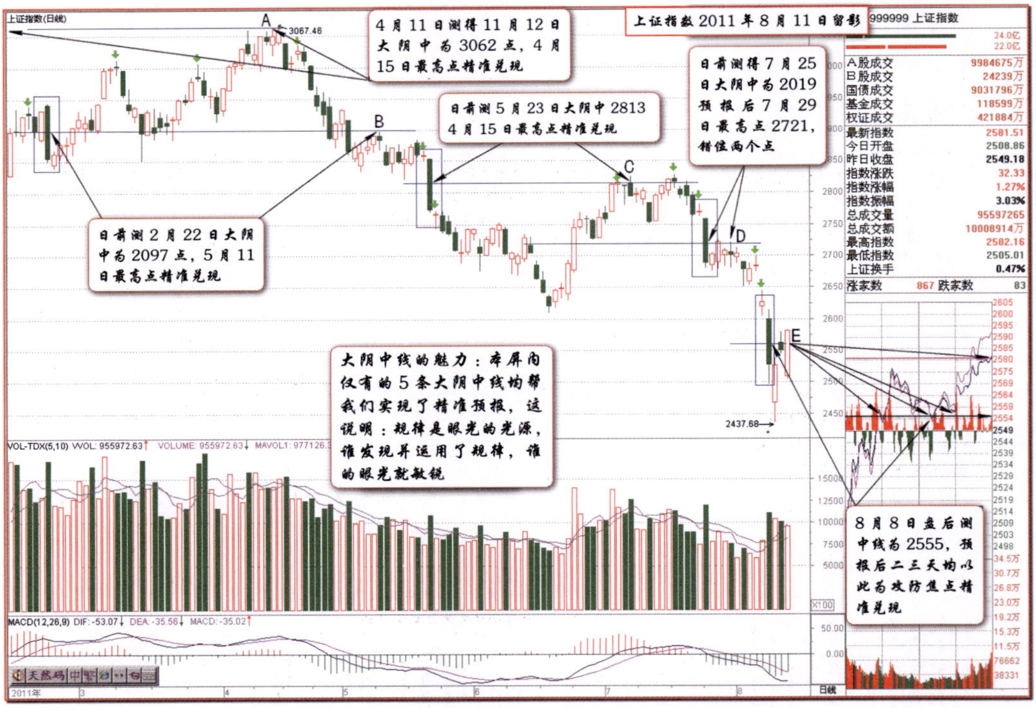

图 14-5　上证指数 2011 年 8 月 11 日留影

图 14-5 就是图 14-4 次日（2011 年 8 月 11 日）上证指数收盘的留影。请看右下角的分时图，大盘又是 3 次精准回踩 2555 点，收盘比我们预报的 2580 点多 1 个点。多么精准的预报，用的技术只有四个字："大阴中线"。

难道"大阴中线"有什么秘密吗?下面就是笔者给记者朋友说的悄悄话了。我说:"只要发现 80 点左右的大阴线,你就用它的最高点加上最低点,再除以 2,这个中间值就是近期指数的波段值。"公式为"(顶+底)/2",就这么简单。

按照这个方法和算法,我们做了 5 次盘前预报,5 次精准兑现。见证奇迹的时刻到了!

图 14-5 第一个预报点 A:2011 年 4 月 11 日根据 2010 年 11 月 12 日大阴中线测算为 3062 点,预报发布后第三天,4 月 15 日的最高点精准对应 3062 点。你说神不神?

图 14-5 第二个预报点 B:2011 年 5 月 4 日大跌后,根据 2011 年 2 月 22 日的大阴中线为 2897 点发出预报,预报发布后第四天,5 月 11 日最高点精准对应 2897 点。你说奇不奇?

图 14-5 第三个预报点 C:2011 年 7 月 4 日中阳后,根据 2011 年 5 月 23 日大阴中线测算为 2813 点,预报此后高点可能在 2813 点左右,预报后连续 3 天开盘点精准对应 2813 点。你说怪不怪?

图 14-5 第四个预报点 D:根据 2011 年 7 月 25 日大阴中线测算为 2719 点,预报后第三天,7 月 29 日最高点为 2721 点,仅仅错位 2 个点。你说这是什么原理?

图 14-5 第五个预报点 E:就是我们前面已经讲过的 2555 点。面对如此神奇精准的预报,特训班上响起了一次又一次热烈的掌声。

第四节 "阴线战法"的要点

上面介绍了两组关于大盘的预测案例:

"大阴实顶"用于短线的预测;

"大阴中线"用于波段的预测。

为什么据此画出的每条平衡线都能精准对应大盘的走势呢?这就是股市规律,这就是股市科学。这是可以用数学公式计算的股市流体力学现象。因为其计算方式比较复杂,我们不作具体介绍,这里只用一个比喻,大家就能恍然大悟。

大家都知道一个基本原理:股市里的大阴线就是用血肉筑成的明碉暗堡。碉堡的最前沿往往是最坚固的堡垒。一旦攻破堡垒,这个碉堡也就坍塌了。反之,一旦不能攻破堡垒，攻方必然败退。

因此，我们所看到的"阴线"，应该视为"碉堡"。"小阴线"往往是"小堡垒"，不值得一提；"大阴线"才是"大堡垒"，应该高度重视。当然，由于这些大大小小的堡垒所处的位置和分布的疏密不同，我们对它们研判的方法也有所不同。这就形成了别具一格的量学特色"阴线战法"。

2012年5月4日（周五）中午收盘，前文3次截图讲解的上证指数再显"精准回踩2427点平衡线之奇观"（见图14-6），形成了一套极为完整的"精准预报系列"。

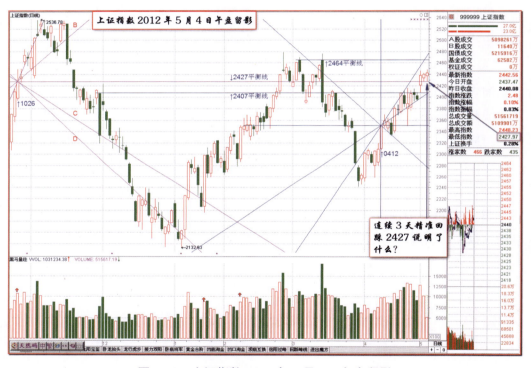

图14-6　上证指数2012年5月4日午盘留影

按照"巨阴中线测市法"，"距当前最近的平行的巨阴"就是3月14日的"大阴线"，其计算公式为：（最高点2476+最低点2382）/2=2429点，我们为什么不用2429点，却要取2427点做预报呢？这就是"阴线战法"的核心机密：当"大阴取值"与"黄金平衡线取值"接近时，应该"取黄金平衡线的值"。因为2427点是前面1026灯塔线的实顶（收盘价），所以我们一直强调2427点而不用2429点，就是这个原因。大盘在2427点精准回踩多日，预测会出现到阶段顶部的迹象，依王子老师个人浅见，这里将有一波大幅回调。

果然，此后大盘走势一泻千里，一直跌到 1999 点。至 2012 年 12 月 5 日，跌到了著名的"解放底"1949 点。

事实说明，在"阴线战法"中以黄金柱为基柱的灯塔柱和灯塔线具有一锤定音的神奇作用。我们在学习和使用"阴线战法"时，务必不要丢了根基。记住：量柱是基础，量线是向导，量波是抓手。三者融会贯通，才能得心应手。

这个方法能否应用到个股的预测中去呢？答案是肯定的。我们将在下一章介绍个股的"阴线战法"。

第15章
伏击涨停的暗号
——长阴短柱战法

由于大盘是全部市场人士共同操盘的结果，所以量线的精准度极高。对于个股来讲，因为有些个股被个别机构操纵，庄家或主力的操盘手法和个性更加鲜明，因此，个股的阴线战法与大盘的阴线战法有些不同，主要分为"长阴短柱战法""双阴进出战法""三阴进出战法""阴盛阳衰战法"等。本章主要讲解"长阴短柱战法"。

第一节 "长阴短柱"的基本原理

所谓"长阴短柱"，就是"长长的阴价柱"对应着"短短的阴量柱"，价柱与量柱的比例明显失衡。最典型的是价柱明显大于左侧价柱，而量柱却明显小于左侧量柱；另一种情况是价柱和量柱明显大于左侧价柱和量柱，但价柱和量柱的比例明显失衡，即价柱大而量柱小（即价柱长度的变化明显大于量柱高度的变化，就是说价柱的长度明显大于量柱的长度）。

从形态上看，"长阴短柱"有3种类型（见图15-1）。

图15-1中左侧A、B、C这3根价柱分别代表两种"长阴短柱"。

A柱：上方阴价柱大于其左侧的阳价柱，下方阴量柱小于其左侧的阳量柱，这是最典型的量价背离型"长阴短柱"。

B柱：上方阴价柱大于其左侧的阳价柱，下方阴量柱大于其左侧的阳量柱，但是其价柱与量柱的比例失衡，即价柱大于量柱，这是比例失衡型"长阴短柱"。

C柱：上方阴价柱大于其左侧的阴价柱，下方阴量柱大于其左侧的阴量柱，但是其价柱与量柱的比例失衡，是价柱大于量柱，这是变形的比例失调型"长阴短柱"。

从质量上看，"长阴短柱"有两种类型：

第 15 章 伏击涨停的暗号——长阴短柱战法

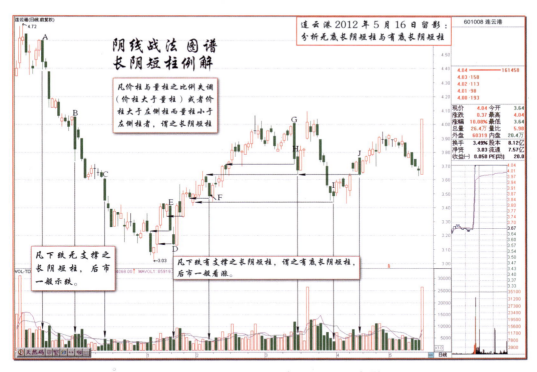

图 15-1 连云港 2012 年 5 月 16 日留影

一种是"无底长阴短柱",即下跌时底部没有支撑,退而无序,是仓皇逃的象征,一般情况下示跌(如图 15-1 中的 A、B、C 三柱);

一种是"有底长阴短柱",即下跌时底部具有支撑,退而有序,是主动撤退的象征,一般情况下示涨(如图 15-1 中的 D～G 柱及 I、J 等柱)。

"长阴短柱"的市场原理是主力借势打压股价,而自己却很少出货。"长长的阴价柱"往往是主力拼命打压的象征,但是,由于其对应着"短短的阴量柱",说明他是故意打压股价,趁机吸纳低价筹码,目的是打击别人的价位,保护自己的筹码,击垮或赶跑对手。

"长阴短柱"形态上的 3 种类型和质量上的两种类型可以交叉组合,于是就有 6 种"长阴短柱战法"。例如:

可以将"无底长阴短柱"与"量价背离"组合,与"量价失衡"配合,就能形成被动式恐慌型下跌,将对手置于死地,而自己却能从中捡到便宜筹码。图 15-1 中左侧的一系列长阴短柱就是主力刻意制造恐慌的杰作。

如果将"有底长阴短柱"与"量价背离"组合,与"量价失衡"配合,就能形成主动式突发型下跌,让对手措手不及,而自己却能从中抢到便宜筹码。图 15-1 中右侧的一系列长阴短柱就是主力蓄谋制造暴跌的杰作。

为了看清其中的奥秘，我们将图 15-1 中的右半部分放大后，即如图 15-2 所示。

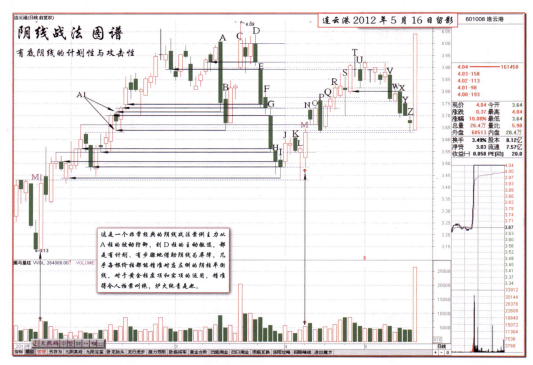

图 15-2　连云港 2012 年 5 月 16 日留影（放大详解）

图 15-2 是图 15-1 右侧的放大图，我们以其第一次暴跌开始编号，从 A 到 Z，共有 26 个可圈可点的价柱。这 26 处都有极为精彩的动作，我们择其精要，叙述如下：

从 A 到 I，用实线标识的是"有底式下跌型长阴短柱"；

从 J 到 Z，用虚线标识的是"有底式上攻型长阴短柱"。

A 柱：高开低走，明显属于被动式下跌，但其下引线的最低价与其左侧 A1 上引线的最高价精准重合，显示其被动下跌中的主动自救。

B 柱：又是高开低走，也是被动式下跌，但其下引线的最低价与其左侧 A1 下引线的最低价精准重合，显示其被动下跌中的主动反击。

A 柱和 B 柱连续两次借助 A1 的最高点和最低点进行反击，说明主力遇险有策，反击有度，退而有序。果然，此后 3 天即收复失地，C 柱再创新高。

也许是 C 柱再创新高时用力过猛，量柱放大 6 倍，明显形成了发烧柱，次日即主动回调，从第 3 天 D 柱开始，连续 6 根"长阴短柱"一路下跌，使对手毫无招架的余地。这 6 根"长阴短柱"，根根都有"根底"，D 柱、E 柱、G 柱的实顶和实底都与左侧要点精准对应，F 柱、H 柱、I 柱的实底或虚底都与左侧要点精准对应，其间，还有多处虚顶和虚底的精准对应，大家可以在电脑上调出其原始图看

第 15 章 伏击涨停的暗号——长阴短柱战法

一下,很有趣。

这样的下跌,可以说是步步精准,处处生根,计划性相当明显。有计划地撤退之后,往往都会有计划地进攻。

来看图 15-2 右侧虚线标识的部分,几乎每一根价柱都与左侧的阴线有关联,要么踩着阴线实顶,要么撑着阴线虚底,最精彩的要数 V、W、X、Y、Z 这 5 根价柱的组合,步步下跌有底,也就是有计划地下跌,然后一柱擎天,逆市涨停,再创新高。

值得注意的是,该股这一柱擎天的日子,正是全球股市大跌、南海争端再起、大盘跌破 2350 点平衡线的一天,该股却能在午前逆市涨停,午后封死涨停,不能不夸这个主力阴线战法运用得炉火纯青。

这就是阴线战法的神奇,它进可攻,退可守,既是撤退时的掩护,又是进攻前的屏障,可谓"一箭双雕",是主力和散户不得不用的股道秘方。

根据该股逆市涨停的启示,我们于次日盘前发出了"长阴短柱涨停趋势预报",预计最近将会出现"长阴短柱"批量涨停。次日收盘后验证,两市共有 30 只正股涨停,其中"长阴短柱"的股票就有 28 只。

第二节 "长阴短柱"的涨停密码

关于"长阴短柱"涨停趋势预报的成功案例在股海明灯论坛上经常可见,最典型的要数 2011 年 5 月 25 日盘前发布"长阴短柱涨停趋势预报"后,两市连续 3 天都是"长阴短柱"股票逆市涨停,5 月 27 日这天两市只有 3 只股票涨停,全部都是"长阴短柱"。其差别在于"汉王科技"是预报后第一天涨停,"延华智能"是预报后第二天涨停,"中珠控股"是预报后第三、第四天连续涨停,它们有什么奥秘呢?我们以"中珠控股"为例,看看其中的 3 个要素。

1. 主动而有力地撤退

前面讲过,长阴短柱就是长长的阴价柱对应着短短的阴量柱。这样的形态很好找,但是,并非所有长阴短柱都能涨停,只有"主动杀跌"的长阴短柱才有可能出现涨停。分辨"主动"与"被动",主要看其是否故意低开杀跌,看其在下跌途中是否使用了"有底长阴短柱"。来看图 15-3 中珠控股案例。

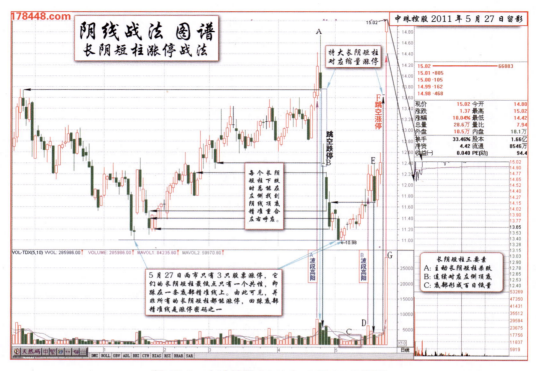

图 15-3　中珠控股 2011 年 5 月 27 日留影

先看 A 柱：主动低开低走，最低点与左侧峰顶线基本重合，说明主力不是仓皇出逃，而是有节制、有计划地杀跌。

再看 B 柱：主动跳空低开，缩量跌停，最低点刚好与左侧水平的大阳底部持平，可见主力没有出货。往后两天暴跌，每天都有极点与左侧重要顶底精准重合，说明主力是有步骤、有计划地杀跌。这样的杀跌非常阴险，价柱都是打击对手的，量柱都是保护自己的，别人仓皇出逃了，他却坐享其成。

再看 C 框：阶段性低量群，接近百日低量，但其上方对应的价柱却是逐步抬高的，显然 C 柱群的左侧第一阳柱是卧底矮将军。

再看 D 柱：跳空高开高走，小倍阳吞掉左侧水平大阴。

再看 E 柱：这个长阴短柱做得相当精彩，缩量洗盘的同时，最低点精准踩着左侧水平大阴实顶，次日即长阳矮柱拉升；E 柱后第二天小阳上攻，收盘价与其左侧水平的跳空跌停价持平，给人一种上攻乏力的感觉。

可是，E 柱后第三天的 F 柱，竟然跳空一字涨停，与其左侧水平的跳空一字跌停遥相呼应。

从 A 到 F，短短 20 个交易日，跌 30 个点又涨 40 个点，对手毫无招架之力，纷纷落荒而逃。

2. 精准而有序地下跌

长阴短柱的本质是主力高度控盘后的洗盘行为，主力有时是顺应大盘的洗盘，有时却是背逆大势的洗盘，有时要改变原有计划，有时要坚持原有计划。我们要从盘面上予以分析，不要把真正的下跌当成洗盘。

例如，图 15-3 中的中珠控股，从 A 柱开始的一路下跌，每一根价柱的极点都对应着左侧平行的最近的阴线顶底，这样连续的、精准的对应，说明该股主力不是随意所为，而是有计划、有目的、有步骤地借势顺势做势。有计划地撤退，必然会有计划地进攻。后面的连续涨停，也就自然而然了。

3. 扎实而有效地筑底

长阴短柱只是涨停基因中的一个因子，是基本条件却不是必然条件。有的读者一看见长阴短柱就喜出望外，不管三七二十一就追进去，这是不对的。只有当长阴短柱与百日低量有机组合后，才有涨停的希望。没有多因素的组合，单单一个或一组长阴短柱都很难出现涨停。图 15-3 中的百日低量群就是长阴短柱的涨停基础。

下面来看 2012 年 5 月 17 日（周四）涨停的新华传媒的走势图（见图 15-4）。

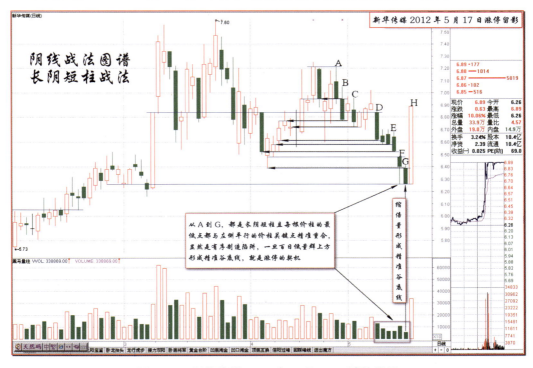

图 15-4　新华传媒 2012 年 5 月 17 日涨停留影

我们只看图 15-4 右侧，从 A 到 G 的下跌都是长阴短柱，且每根价柱的最低点都与左侧平行的价柱关键点精准重合，显然是主力有意制造陷阱，一旦百日低量群上方形成精准谷底线，就是涨停的契机。

G柱非常关键，它是在5根连续的长阴短柱之后的缩倍量柱，价柱却是精准对应F柱的最低点，形成精准谷底线，长阴短柱形成百日低量群，多种涨停基因组合，必然孕育涨停。其涨停密码是：

$$长阴短柱群 + 百日低量群 + 精准谷底线 = 次日涨停$$

第三节　"长阴短柱"的经典战法

有些读者总是希望王子老师给他提供什么定式或什么公式，以为有了定式或公式就可以驰骋股市，立竿见影，这是极大的误区。我们常说，涨停无定式，涨停有规律，要想学习高手的操盘，首先要学会看懂高手操盘。从高手的经典案例中悟出操盘的规律，这才是唯一的成功之道。

来看2012年5月17日涨停的大连港的走势图（见图15-5）。

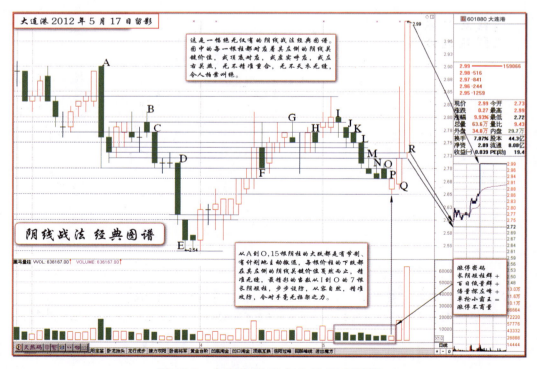

图15-5　大连港2012年5月17日留影

第 15 章 伏击涨停的暗号——长阴短柱战法

这是一幅绝无仅有的阴线战法经典图谱。图 15-5 中的标识,从 A 到 O,15 根阴柱的大跌都是有节制、有计划地主动撤退,每根价柱的下跌都在其左侧的阴线关键价位戛然而止,精准无缝。最精彩的当数从 I 到 O 的 7 根长阴短柱,步步设防、从容自然、攻防精准,令对手毫无招架之力。直到打出百日低量群后,主力才从容拉升。

下面再仔细看,图 15-5 中的每一根阴柱都对应着其左侧的阴线关键价位,或顶底对应,或虚实呼应,或左右关照,无不精准重合,无不天衣无缝,令人拍案叫绝。其涨停密码是:

长阴短柱群 + 百日低量群 + 倍量探左峰 + 单枪小霸王 = 涨停不商量

大连港的案例非常经典。庄家操盘的每一步都采用了立体攻防思维,哪里该进攻,哪里该防守,哪里该打压,哪里该拉升,都有一个全盘考量。

现在,我们把图 15-5 放大一倍,就成了图 15-6。

我们将图 15-5 右侧的实线用虚线向左侧水平延伸,就得到了图 15-6 这幅"阴线战法百日全图"。大家可以在自己的电脑上试试。这是一幅多么精准完美的攻防路线图!每一根阴线都能扮演重要的角色,每一步攻防都在阴线的节奏调控之中。或借力打力,或承上启下,或虚中有实,或实中有虚,步步得心应手,处处进退自如。如果你是庄家,你能这么洒脱吗?如果你是散户,你能跟上其节奏吗?

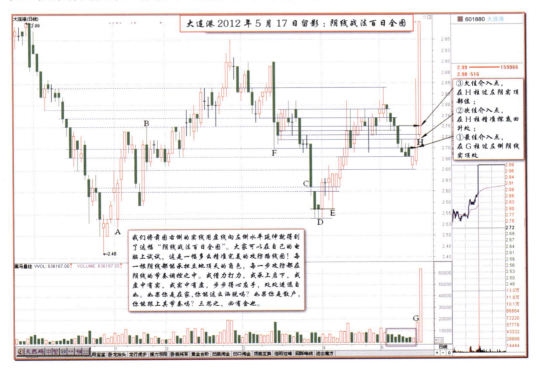

图 15-6　大连港 2012 年 5 月 17 日留影(阴线战法百日全图)

从图 15-6 中，可以总结出阴线战法的几个规律：

第一，上升途中，盯住大阴实顶，能过实顶就持股（如 A），不过实顶就出货（如 B）。

第二，打压途中，盯住大阴底部，底部参差就等待（如 C），底部精准就介入（如 D）。

第三，横盘途中，盯住大阴虚底，虚底精准就介入（如 E），虚底参差就等待（如 F 右）。

第四，一旦发现百日低量群，一定要注意，只要倍量过左峰，就要大胆介入（如 G 右）。

第五，凡是"长阴短柱群"配有"百日低量群"时，一般可以按"三级介入法"介入。

从其整体攻防布局来看，我们预测该股至少还有一到两个涨停的规划（这一预测在 2012 年 6 月 6 日得到验证，见图 15-7）。本例的"最佳介入点"在 G 点，"次佳介入点"在 H 点，"欠佳介入点"在 H 柱过左阴实顶以上的部位。

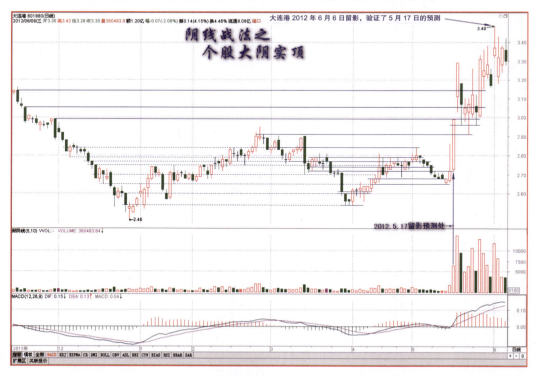

图 15-7　大连港 2012 年 6 月 6 日留影

第16章
伏击涨停的抓手
——一剑封喉战法

清华大学出版社出版的《涨停密码》一书中介绍的"凹底淘金战法",重在凹底。有的凹底大,有的凹底小,只要是"凹底"就有淘金的可能。这只是解决了形态问题,没有解决时机问题。什么状况下才能不失时机地加入"凹底淘金"行列呢?要想解决这个问题,"一剑封喉"可以给我们很大的帮助。

第一节 "一剑封喉"的原理

所谓"一剑封喉",就是一条特殊的下行斜衡线所形成的"剑",刚好与底部水平的平衡线相交的"喉"切合,形成平底三角形。这个"平斜线"的交叉处往往有中到大阳出现,一不小心就会蹦出一个涨停板。

下面来看图 16-1 的案例。

图 16-1 标有 A、B、C 这 3 个要点和 D 线。

A 点:最近的最高波峰右侧量柱凹陷而价柱凸出的大阴实顶;

B 点:最近的靠近凹底左侧量柱凹陷而价柱凸出的大阴实顶;

C 点:A、B 两点连线的切合点,用于确认 AB 斜衡线;

D 线:由精准平衡线确认的底部水平平衡线。

图 16-1 中的 AB 线即为"一剑封喉"线,在 AB 线与 D 线的交叉处,就是"逼涨三角",在这个三角区,斜衡线的阻力越来越小,而平衡线的撑力越来越大,于是在双线交叉处,往往有中到大阳出现,一旦底部有涨停基因(长阳矮柱、假阴真阳)配合,往往就会出现涨停板(但是,由于该股 AB 区间多处"阴盖阳",所以其上行的空间不会很大。这一点已验证)。

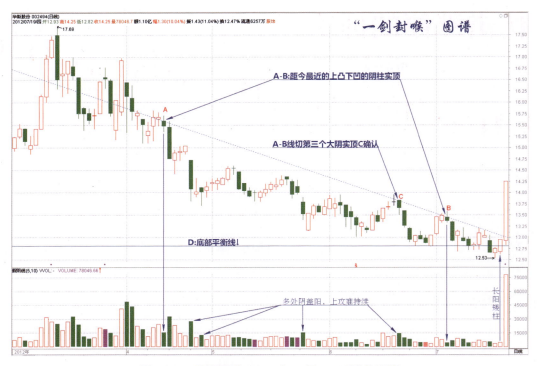

图 16-1　华斯股份 2012 年 7 月 19 日涨停留影

从 2012 年 7 月 19 日（周四）涨幅榜上看，两市共有 46 只正股涨停，符合上述条件的股票有 44 只。大家可以顺着两市涨幅榜的顺序看，如运盛实业、深信泰丰、中纺投资、上海金陵、罗牛山、复旦复华、华芳纺织、宋都股份、龙头股份、金丰投资……都是这种形态。也就是说，这一天是"一剑封喉"的股票批量涨停，而且这个批量趋势将延续一周左右。2012 年 1 月 6 日，我们发布"一剑封喉涨停趋势预报"后，"一剑封喉"的涨停趋势延续了 6 天。这次应该不会例外。下面详细讲解"一剑封喉"的技术特征。

第二节　"一剑封喉"三要素

"一剑封喉"是斜衡线的杰作。《量线捉涨停》中的"斜顶起柱"讲的就是这个原理。"一剑封喉"有 3 个要素。

第一，封喉线的取点。取"距今最近的波峰右侧最凸出的大阴实顶 A"，与"距今最近的凹底左侧最凸出的大阴实顶 B"连线，即为"一剑封喉线"。这里说的"凸

第 16 章 伏击涨停的抓手——一剑封喉战法

出",是指它们的右侧没有被其他价柱掩盖。

第二,封喉线的确认。至少要经过第 3 个大阴实顶 C 的确认,方为有效的"一剑封喉线"(见图 16-1 的 A-B 线)。当然,通过的切合点越多越好。

第三,封喉线的底部最好是精准线(或黄金线或真底线)。凡是底部形成精准线的"一剑封喉",称为"精准线上一剑封喉",如图 16-1 的 D 线为底部精准线;凡是底部回踩黄金线的一剑封喉,称为"黄金线上一剑封喉"。

注意:若有连续多个大阴实顶,不知道取哪一个时,A 点应首选大阴对应的量柱是"凹进"的(即低于左侧最近的阳柱),价柱与量柱形成"价凸量凹"的背离结构。若 A、B 两点都是"价凸量凹"当然更好。

下面来看图 16-2 所示案例。

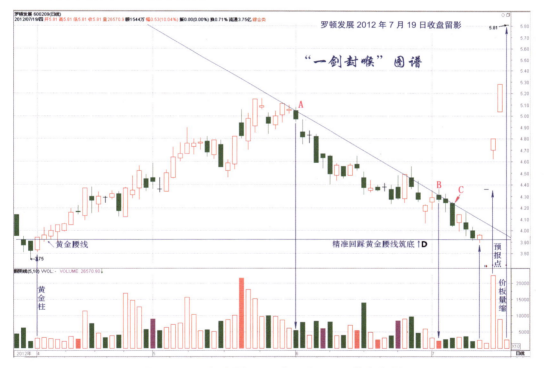

图 16-2 罗顿发展 2012 年 7 月 19 日收盘留影

罗顿发展是我们 2012 年 7 月 17 日在人大量学特训班上预报的一只股票,预报后连续 3 个涨停板。大家知道,7 月 16 日是大盘大跌的日子,两市共有 108 只正股跌停,只有 42 只股票红盘,仅有 3 只股票涨停,罗顿发展就是涨停股票之一。

该股之所以能连续涨停,首先从技术上看,它具有扎实的底部,D 线刚好就是前期凹底的第一道实底黄金线,最近的两个实体低点刚好精准地坐在黄金线上,形成了少有的"精准黄金谷底线"。

其次，其 A 价柱对应的量柱低于左侧阳柱，符合"价凸量凹"的原则。

最后，AB 斜衡线刚好切合 C 点，确认了 AB 线的有效性。该股 7 月 16 日跳空一字涨停，其跳空的位置就是 AB 斜衡线与 D 平衡线交叉的区间。

我们多次讲过：凡是斜衡线与平衡线交叉的地方，往往有中到大阳出现。而这个位置的两条线质量很高，所以其撑力很强，我们预报它才有底气。

第三节 "一剑封喉"四注意

1．"一剑封喉线"，可以有叠加

"一剑封喉"叠加起来，形成"双重一剑封喉"的格局。

下面来看图 16-3 所示案例。

图 16-3　大连三垒 2012 年 7 月 19 日留影

由图 16-3 可见，有左右两处"一剑封喉"。两条"一剑封喉线"上，分别有精准踩线的两个涨停板，其底部都是精准谷底线托底。左边的涨停起跳就在斜衡线与平衡线的交叉处左侧一天，右边的涨停起跳则是在斜衡线与平衡线的交叉点右侧一天。

最令人惊叹的是，这两条"一剑封喉线"的交叉点，精准对应着右侧的涨停起跳点，这不能不说是斜衡线与平衡线交叉的魅力。这两处的精准交叉精准涨停，充分展示了股市结构力学的科学建构。

下行斜衡线与底部平衡线的交叉，最好是在精准谷底线的地方。没有底部平衡线的"一剑封喉"是假的，有底部平衡线的"一剑封喉"才是真的。若有其他涨停基因配合，方能即时涨停。

2. "一剑封喉线"，上下两重天

一般情况下，"一剑封喉"的股票走势往往呈现出上下两重天的格局。个别情况下，可以有部分价柱在"一剑封喉线"上。有些同学在画"一剑封喉线"时，为了追求"上下两重天"的效果，人为地任意取点，这就不好了。

下面来看图 16-4 所示案例。

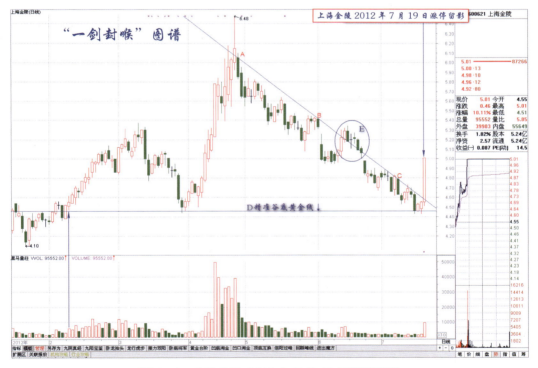

图 16-4　上海金陵 2012 年 7 月 19 日涨停留影

图 16-4 中 ABC 线为"一剑封喉线"，D 线为"精准谷底黄金线"，二者交叉处提前两天出现涨停，这是很正常的。图中 E 圈内有 6 根价柱高于"一剑封喉线"，有些读者为了体现"一剑封喉线，上下两重天"的效果，往往把这 6 根价柱放到线

下去了,这是不好的。你只要按照画线的规则取点画线就可以了,在"一剑封喉线"上是允许有部分散兵游勇的,不需要人为移动斜衡线。

3. "一剑封喉线",务必实打实

有些同学在画线时,往往喜欢用"复权",无论用什么软件来"复权",都是人为的,掺杂了人工计算的因素,因此其结果往往不真实。所以我们量学提倡实打实,一切遵循原样,不要人工干预。

下面来看图 16-5 的案例。

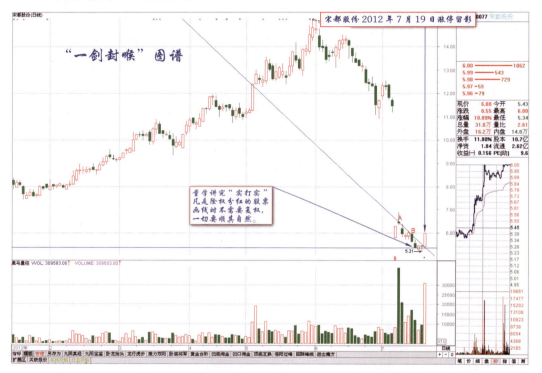

图 16-5　宋都股份 2012 年 7 月 19 日涨停留影

走势图是什么样的,就画什么样的,一旦用了"复权",掺杂了人为因素,其取点和画线难免走样。所以,我们的量学强调"一切从实际出发","一切要尊重事实"。只有实事求是,才能找到规律,才能在风云变幻的股市中站稳脚跟。

4. "一剑封喉"处,基因是基础

我们发现有些学员在运用"一剑封喉"战法时,喜欢形而上,忽视涨停基因。下面来看图 16-6 所示案例。

图 16-6 中的"一剑封喉"非常漂亮:

第 16 章 伏击涨停的抓手——一剑封喉战法

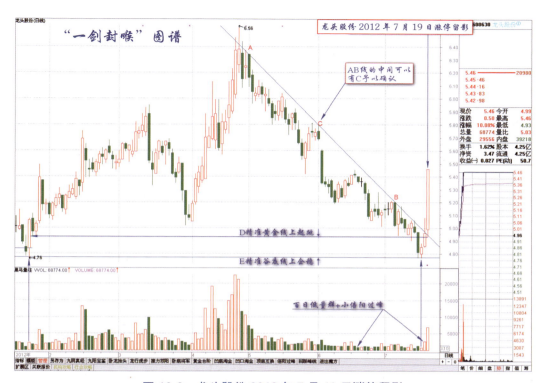

图 16-6 龙头股份 2012 年 7 月 19 日涨停留影

A 点是"价凸量凹"，B 点也是"价凸量凹"。

AB 线中间由 C 点确认其扎实有效。更重要的是 D 线和 E 线的基础非常扎实。

D 线：正好是左侧第一黄金柱的虚底黄金线。

E 线：正好是其左右两个谷底形成的底部精准谷底线。

再看斜衡线和平衡线交叉处的量柱，是"百日低量群"加"小倍阳过左峰"，即使没有"一剑封喉线"，这里也是"一朝分娩"涨停的前夜，有了"一剑封喉线"，我们就能更加准确地把握起跳时间和位置。

对照上面几幅图，可以归纳出"一剑封喉战法"有如下要点：

第一，A 点要取在波峰的右侧，"价凸量凹"突然下跌的大阴实顶最好。

第二，B 点要取在凸出的大阴，取底部凹口的大阴实顶最好。

第三，AB 线最好要切合一个 C 点，当然线上的切点越多越好。

第四，AB 线要自然通透，实事求是；D 线要精准扎实。

第五，斜衡线与平衡线交叉处对应的量柱群要含蓄稳重，这样才有爆发力。

以上只是对"下行一剑封喉"的介绍，还有"上行一剑封喉"的战法。这两种"一剑封喉"的取点画线方法各不相同。一个管进，一个管出，其独特的"实对实，虚对虚"的辩证方法和"阴阳互换技法"不是文字和图片可以讲述清楚的，有待日后用视频或面授的方式予以传授。

第四节 "一剑封喉"测涨幅

"一剑封喉"的取点，A 点最重要，我们之所以强调 A 点要"价凸量凹突然下跌"，其实就是寻找突然下跌的"长阴短柱"。从这个意义上讲，"一剑封喉"的第一目标价位应该与 A 点基本持平。

下面来看图 16-7 所示案例。

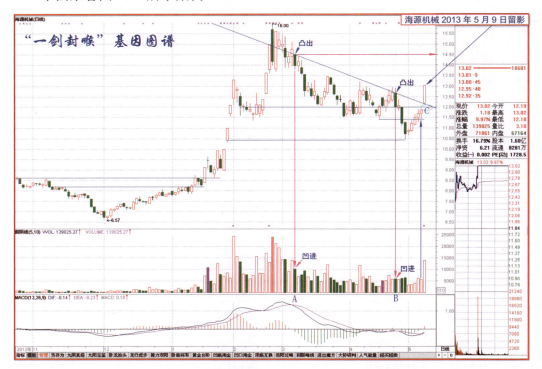

图 16-7 海源机械 2013 年 5 月 9 日留影

图 16-7 中的 A 点"价凸量凹"，B 点"价凸量平"，基本合乎要求。其 C 点平衡线与 AB 线的夹角处爆发涨停，其后的涨幅如何呢？来看图 16-8。

图 16-8 中的 A 水平线就是出货线。本章中的其他所有案例都符合这个规律，建议大家回去对照走势图，认真揣摩其中的规律。

第 16 章　伏击涨停的抓手——一剑封喉战法

图 16-8　海源机械 2013 年 6 月 24 日留影

依据这个规律，我们又可以找到一个规律：寻找"一剑封喉"股票时，A、B 两点的落差越大，涨幅越高。我们应该尽量寻找那些 A、B 落差大的股票。

【补记】前文讲道："一剑封喉"的涨停趋势一般可以延续 6 个交易日，这是经过多次验证的经验总结。后面将要讲到的"黄金三角"，就是"一剑封喉"的升华。其要点就是"一横、一竖、一斜"3 条量线交织为一个"逼涨三角形"，这个位置爆发涨停的可靠性比单纯的"一剑封喉"要精准许多。

2013 年 6 月 28 日，笔者在盘前预报了"一剑封喉"涨停趋势，接下来的 6 个交易日，两市涨停榜几乎全被"一剑封喉"的股票占领。7 月 5 日（周五），两市共 20 只股票涨停，有 14 只属于"一剑封喉"的形态，其实质就是"黄金三角"的形态。经过最近几年的实践统计，"黄金三角"的涨停趋势一般可以延续 6～10 个交易日。

第17章
伏击涨停的先兆
——倍量伸缩战法

自"凹底淘金战法"在《红周刊》发表以来,大盘连续暴跌,至 2012 年 6 月 26 日仍在暴跌,许多人六神无主了,可是《红周刊》的许多读者却尝到了"凹底淘金"的甜头,一位名叫"廖伯通"的读者于 6 月 26 日来信如下:

这次大盘连续下跌,许多人谈股色变!我用王子老师的"凹底淘金战法"选中 300250 初灵信息,于 6 月 18 日以 14.18 元买入!功夫不负有心人,6 月 25 日该股涨停,收盘前见主力大单以涨停价卖出,封单迅速减少,我便以涨停价 18.68 元卖出!该股随后涨停打开!收盘 18.20 元,上涨 7.18%!卖出初灵信息后,我又于 6 月 25 日将所卖之款,以 17.11 元购入自选股中的 300239 东宝生物!6 月 26 日东宝生物又涨停了!真的感谢王子老师的无私奉献!量学中蕴藏着绝招,只要用心去发掘,财富就会伴随着你,与你携手同行!扭亏为赢!

他为什么能在大跌行情下找到大涨的股票呢?除了"凹底淘金"之外,"倍量伸缩"起了很大作用。我们就用他的实例来讲解这种新的战法。

第一节 "倍量伸缩"的基本特征

所谓"倍量伸缩",就是"伸倍量柱+缩倍量柱"的组合,这种战法要求我们在股价走势的"凹底部位"出现"倍量伸缩"状态时关注之;一旦踩到我们预设的攻防线上,就擒拿之。它是凹底淘金战法的补充和升华。

下面来看图 17-1 所示案例。

第 17 章　伏击涨停的先兆——倍量伸缩战法

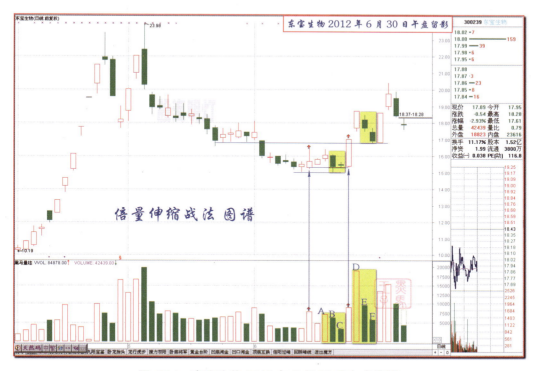

图 17-1　东宝生物 2012 年 6 月 30 日午盘留影

该股的凹底大家应该能准确地找到，就是图 17-1 中的谷底线。谷底线上出现了 B、C 两个阴柱，其量柱逐步缩倍，其价柱底部逐步抬高。如果把 A、B、C 这 3 个量柱结合起来看，B 柱在 A 柱的基础上稍微缩量，C 柱与 B 柱则是"缩倍量"，这两根阴柱的关系是"缩倍"，B、C 两根阴柱的平均高度与 A 柱也是"缩倍量"，这就是典型的"缩倍阴柱"。在 C 柱后面的"阳过阴"时，就是介入时机。后面就是两个涨停板。

再看 D、E、F 这 3 根量柱，F 柱比 D 柱缩量一半，E、F 二柱的平均高度相对 D 柱也是缩倍量，这又是典型的"缩倍双阴"，若是在 F 柱后的"阳过阴"时介入，又是一个半涨停板。

上例解剖的只是"缩倍双阴"的典型案例，其中还有一个"倍量伸缩"密码在起作用。例如：A 柱前两天的阳柱是倍量柱，与 A 柱结合起来，就是"倍量伸缩"。当涨停基因密集呈现的时候，就是涨停即将爆发的前奏。

163

第二节 "倍量伸缩"的伏击位置

"廖伯通"同学伏击初灵信息的位置非常好。为什么？

来看图17-2。

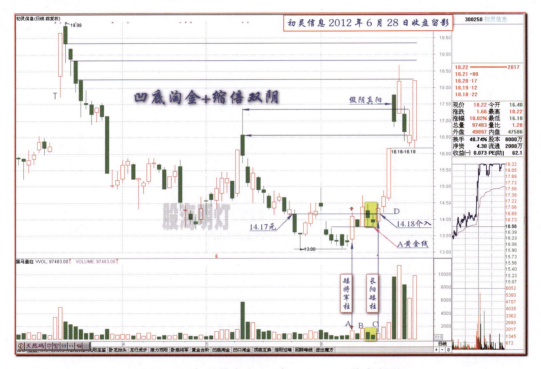

图17-2 初灵信息2012年6月28日收盘留影

图17-2中的"凹底"大家都能分辨，就是图中的谷底线。图中的A、B、C都是长阳矮柱充当的卧底矮将军，如果仅仅看第一个矮将军的信息介入，你至少要忍受5天的煎熬。如果结合"缩倍双阴"来看，那就轻松多了。

图17-2中B柱后面的双阴，后者比前者缩量一半，二者相加除以2的高度，正好是其前面B柱的缩量一半。这就是典型的"缩倍双阴"。发现这个"缩倍双阴"之后，就要随时准备伏击。伏击的最佳位置是不破A黄金线并抬头向上或大阴实顶的位置D即14.17元。"廖伯通"同学伏击的位置是14.18元，比预设的14.17元高出0.01元，这是很好的伏击点。其后收获3个涨停板。

除了"缩倍双阴"之外，这里还有一组"倍量伸缩"密码。请看A柱和B柱，相对于它们前面的阴柱，都是"倍量伸长"，如果以A、B二柱为基柱，二者形成了两组"倍量伸缩"。我们在特训班讲过这种特殊的组合形态：第一组倍量伸缩，是预警；第二组倍量伸缩，就可以伏击了。只要找到了合适的伏击点，"黄金线上阳盖阴，盖阴介入七成金"就是这个道理。

第三节　"倍量伸缩"的涨停密码

（1）伸的倍量要含蓄，不要张扬（以小倍阳为佳）。

（2）缩的倍量要干脆，不要含糊（以缩倍量为佳）。

（3）基柱后两天的两个阴柱相加除以2，要约等于基柱的一半，即缩量一半左右（可以有10%的误差）。

（4）倍量伸缩的次数越多，爆发的可能性越大。

下面来看图17-3。

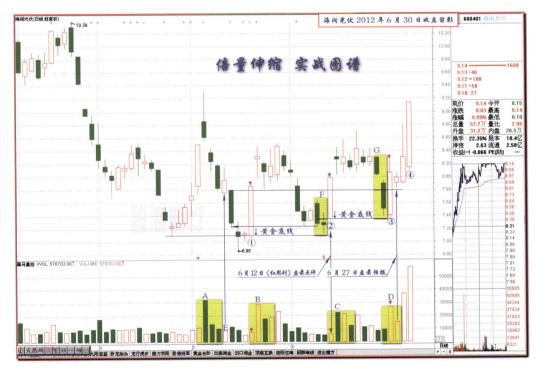

图17-3　海润光伏2012年6月30日收盘留影

图17-3是2012年6月12日我们在《红周刊》的《凹底淘金战法》中请大家关注的一只股票。这只股票在之后的大跌中一直表现得比较抗跌，连续7天在6月

12日黄金柱的实顶上方横盘，6月25日大盘跳空低开下行，该股也跳空低开下行，但是其最低点没有跌破6月12日黄金柱的实底。6月26日再次低开缓慢上行。按照前面介绍的战法，我们在它阳过阴的时候介入，并于次日公布了持股待涨的信息。从12日到26日，是大盘连续下跌的日子，我们为什么敢于逆市操作？原因如下所述。

第一，看量柱。该股有A、B、C共3组"倍量伸缩"的动作，"倍量伸"的时候比较含蓄（均在3倍以下），"倍量缩"的时候比较干脆（多是长阴短柱），这样急切的、频发的"量柱倍量缩"，说明主力临近"一朝分娩"的前夜。

第二，看价柱。已经形成了谷底线，每到谷底线时就有长阳矮柱拉升，图中注①、注②、注③都是回踩黄金线时的长阳（注①和注②都是长阳矮柱），可见这是一个踩脚的"阴庄"。

第三，看走势。图17-3中的F框和G框内是明显的"缩量双阴洗盘"，双阴洗盘过后，都是长阳拉升。在当时那么低迷的市场，连续3次出现同样的动作和同样的形态，说明涨停爆发就在眼前了。

关于"缩倍阴柱"还有一个重要变化，就是不要仅仅局限于"缩倍双阴"，有时可以是"缩倍连阴"；不要局限于"两根缩倍阴柱"，有时可能是"一根缩倍阴柱"。

下面来看图17-4所示案例。

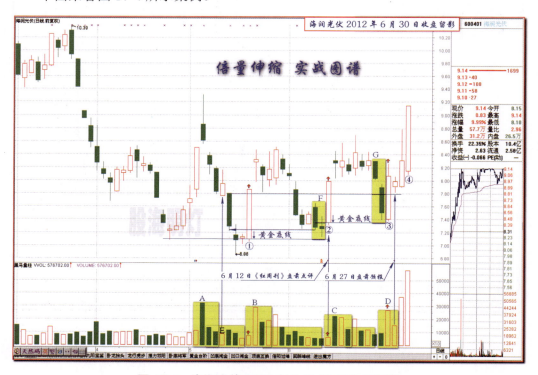

图17-4 海润光伏2012年6月30日收盘留影

图 17-4 是在图 17-3 的基础上对量柱的组合进行了标注。来看图 17-4 中黄色标注的部位，我们可以把 A、B、C 这 3 组量柱看作"L 型量柱群"。

A 柱右边有 6 根量柱，将它们的成交量相加除以 6；

B 柱右边有 10 根量柱，将它们的成交量相加除以 10；

C 柱右边有 6 根量柱，将它们的成交量相加除以 6。

只要累计平均量柱没有超过基柱一半的，可以视为"缩倍双阴"的变形。最好的形态是逐步缩量，若其间有特别突出的高量柱，这个阶段右边的爆发力将受到一定影响（如 BC 段）。大家还可以找找其他的案例予以分析。例如金山开发 3 月 23 日至 29 日是"五连阴"；新嘉联 6 月 25 日、西藏药业 6 月 20 日是"一根缩倍阴"。

"凹底缩倍双阴"战法的重点是"缩倍双阴"，其次是"倍量伸缩"，然后是"呈现位置"。当这 3 种涨停基因组合在一起时，要分析其"呈现的频度和密度"，出现的频率越高，密度越紧，离涨停的距离就越近。当然，如果这两种组合在走势的"凹底"出现，是最好的位置；若在走势的"凹口"或"高位"，要相对差一些。

第四节 "倍量伸缩"的启动迹象

笔者在《量柱擒涨停》里曾讲过："倍量柱是比前一日量柱成倍增高的量柱，凡是敢于增量一倍的主，定是向世人宣告，我来了！我有实力接住所有的抛盘！可见这是实力和雄心的昭示。"

但是，其接下来的量柱却缩量一半，这是什么原因呢？这是主力"休克疗法"的杰作。试想，量柱缩减一半，是什么人的动作？散户绝对没有这个本事，只有主力控盘之后，以"不参与或小参与"的行为，才能形成"倍量缩减"的状况。

这里的"倍量伸长"和"倍量缩小"都是主力行为，以这么密集的方式出现，就是值得重视的现象了，用一个形象化的比喻，这就是"十月怀胎"之后"一朝分娩"的前兆。也就是说，当一只股票"倍量伸缩"的频率越高，其大涨或涨停的时机就越近。

下面来看图 17-5 所示案例。

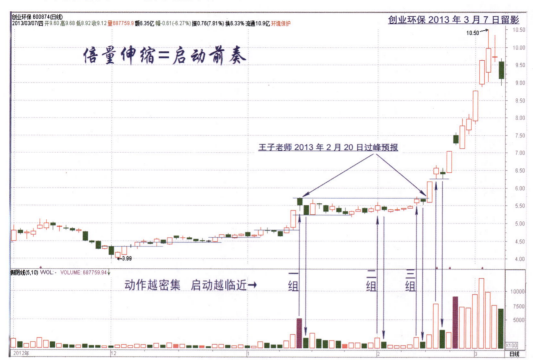

图 17-5　创业环保 2013 年 3 月 7 日留影

图 17-5 中王子老师的预报点是 2013 年 2 月 20 日过左峰的位置，当时是"小倍阳涨停过左峰"。

在此之前，有 3 组"倍量伸缩"的量柱。从这 3 组"倍量伸缩"的量柱来看，第一组与第二组的间隔为 10 天；第二组与第三组的间隔缩减一半以上，间隔为 4 天。于是，在第三组倍量伸缩的次日即爆发了一个涨停板。

涨停板后又是一组倍量伸缩，然后连续 10 天上攻，涨幅高达 86.97%。其间就有 4 个涨停板，平均每天涨幅高达 8 个点。

按照量学的基本原理，我们在第三组倍量伸缩的第一、第二天即可介入。因为其前 4 天是价升量平的 4 个平量柱，一般情况下有 3 个板的涨幅空间；另外，4 个平量柱之后是跳空咬住峰顶线，呈兵临城下的态势，完全可以在第三组的倍量伸缩之后介入。由于"眼光的自闭性"，王子老师在它启动的当时没有发现它，只能在其涨停之后预报。这是需要在实践中改进提高的。

与之相同的案例可以参考亿通科技、天通股份 2013 年 11 月 14 日之前的走势。

第五节 "倍量伸缩"的位置悖论

我们常说"位置决定性质",这是值得认真领会的股市箴言。

在现实生活中,"村长"是众所周知的一个村官。但是,北京郊区的一个"村长"和南京郊区的一个"村长"相比,其能力、能量和收益程度却有很大差别。

同样的道理,尽管"倍量伸缩"是一种很好的"牛股基因",但这种基因所处的位置不同,其后走势也会大不相同。

下面来看图 17-6 所示案例。

图 17-6 黑化股份 2013 年 3 月 29 日留影

图 17-6 是王子老师预报的一只股票,图中可见 3 组倍量伸缩的间隔时间越来越短,有逐步密集的态势。3 月 27 日倍量伸长,3 月 28 日倍量缩小,这是典型的"倍量伸缩",于是王子老师收盘后预报了它。谁知预报次日竟跌停了!这是什么原因呢?

王子老师在讲解"眼光的自闭性"时曾经剖析过这个案例。仅从"眼光的自闭性"来看,有以下 3 个原因:

一是自以为是，总以为自己是对的，这是最普遍的原因；

二是刻舟求剑，总以为经验是对的，这是最常见的原因；

三是形而上学，总以为惯例是对的，这是最流行的原因。

其实，这个案例的失败，根本原因在于"位置决定性质"。

当时，黑化股份从 5.08 元涨到 7.8 元，经过五波探顶，眼下已处于高位盘整区间，其 3 月 27 日的倍量柱高达 4 倍，非常张扬，并且处于"发烧柱"的边缘，一不小心就有回落的风险。所以当时的预报应该根据第二天的动作来决定，在没有阳盖阴的动作之前，就不能预报或介入，决不能自以为是，形而上学，结果落入了刻舟求剑的尴尬境况。

正是因为这只股票让王子老师吃了个跌停板，他才一直将它放在观察池里静观其变。从 3 月 29 日直到 11 月 13 日，8 个月的时间内，一直都在观察它、研究它。其间，8 月 1 日预报一剑封喉，当日涨停回落，收盘涨 9.2%。再度回调之后，11 月 6 日出现小倍阳，隔一天出现倍量缩小。11 月 13 日，第二次出现"倍量伸缩"，王子老师觉得这第二次"倍量伸缩"符合"二波介入"原理，便在 11 月 13 日给清华特训班编印讲义时截图预报了这只股票。

下面来看图 17-7。

图 17-7　黑化股份 2013 年 11 月 22 日留影

从图 17-7 中可以看到：

左侧的 A 处是 3 月 28 日预报失误的位置，明显是高位倍量伸缩；

右侧的 B 处是 11 月 13 日预报成功的位置，明显是低位倍量伸缩。

同样的一只股票，同样是倍量伸缩，一高一低，一败一成，充分说明了位置决定性质的重要性。我们在学习和实践本书提供的战法时，务必要从实际出发，切勿自以为是，切勿刻舟求剑，切勿形而上学。一定要学会辩证地看问题，辩证地用技巧。

第18章
伏击涨停的契机
——现场直憋战法

赵本山有个小品叫《捐助》，内容是赵本山去捐款，因为付款时误按了一个零，导致多捐了十倍的善款，把他亲家准备相亲的钱也"捐"出去了。围绕这"多捐的善款"，本山想"要面子"，亲家想"要银子"，但碍于电视的"现场直播"，二人进入"现场直憋"，一个装模作样，一个忍气吞声。

亲家多次抢过话筒要说出真相，本山却多次抢过话筒不让说出真相。几番遮遮掩掩，亲家"憋"得满脸通红、摇头喘气，最后实在忍无可忍了，只好大叫一声"实在憋不住了"，一把夺过话筒，把内幕全部抖了出来，完成了从"现场直憋"到"现场解憋"的飞跃。

舞台上的"现场直憋"让人开怀大笑，股市上的"现场直憋"却让人捶胸顿足。因为许多牛股黑马就是在"现场直憋"中突然"现场解憋"的，如果我们提前看透了庄家"现场直憋"的把戏，就能提前埋伏进去，在它"现场解憋"的时候享受开心大笑的欢乐。

第一节 "现场直憋"的基本特征

股市中有"现场直憋"的股票吗？有。2012年7月30日（周一），我们在盘前预报中请大家关注的"天泽信息"就是一只具有"现场直憋"特征的股票。

详见图18-1。

对照图18-1，"现场直憋"的股票有3个特点。

第一，从天时上看，该股随大盘从G点开始回落，缩量一倍，主动撤退，一路下跌，在A柱前一天触底，进入"主动直憋"。纵观其回落过程，没有出现一根像样的大阴柱，多是"长阴短柱"的"缩量大跌"，这就是"跟随大势藏憋"。

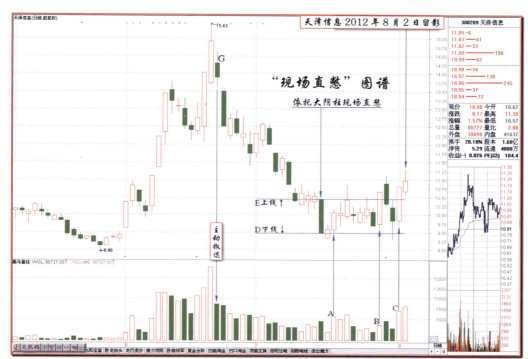

图18-1　天泽信息2012年8月2日留影

第二，从地利上看，该股从A点开始"现场直憋"，每到上线E就反身向下回到下线D，这两条平衡线刚好夹着一根"大阴柱"，所有的折腾都在大阴柱的实顶和实底之间运行，这是"故弄玄虚造憋"。

第三，从动作上看，从大阴柱到B柱之间共有10个交易日，其中只有3根阴柱，7根阳柱，明明是阳胜却让阴胜，这就是"欲上先下做憋"。

当把别人憋得喘不过气来的时候，B柱"憋"出一个涨停板，随后砸出两根长阴柱，不知"双阴洗盘"者，肯定撒腿狂跑，而庄家却猛然回首向上，"现场解憋"，抖出一个涨停板。

纵观整个过程，主力以大阴柱的实顶和实底为框架，让股价在这个框架内"现场直憋"、上下折腾，下不穿底，上不过顶，一不小心就憋出一个涨停板。

再看图18-2的这个案例。

图18-2股票的"现场直憋"也有3个特点。

第一，"憋"在框架内。主力以大阴柱的实顶E和实底F为框架，多数动作都在这个框架内"现场直憋"。

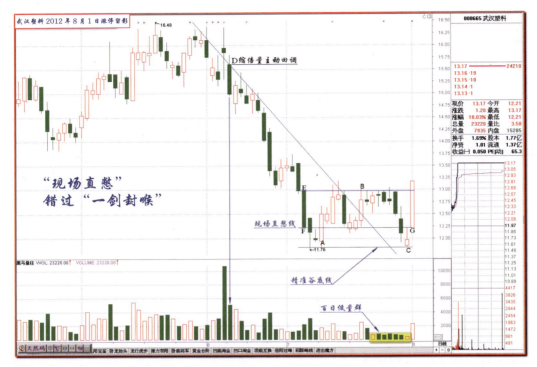

图 18-2　武汉塑料 2012 年 8 月 1 日涨停留影

第二,"憋"出低量群。"现场直憋"时,价柱大幅上下,量柱却稳如止水,基本上是百日低量群。

第三,"憋"出精准线。"现场直憋"的最后一根价柱 C 与"现场直憋"开始的一根价柱 A 精准重合,"现场直憋"的重心线 F 与"现场解憋"的启动线 G 也是精准重合。

上述两只股票的 3 个特点基本相同,图 18-2 的个别动作虽然落到底线 F 下方(如 A 和 C),但二者形成的谷底精准线透露了天机,说明主力是有意为之。果然在精准线出现的第二天 G 点涨停。

第二节　"现场直憋"的市场机制

"现场直憋"的股票往往出现在大势长期不好、走势长期疲软的市况,有些先期下跌到位,调整极为充分的股票,想涨不敢涨,想跌无可跌,在"忍无可忍、憋无可憋"的情况下,只好将"现场直憋"转化为"现场解憋"。当然,其"现场解

第 18 章 伏击涨停的契机——现场直憋战法

憋"多数情况下是用时间换空间,等待最佳涨停契机。

下面来看图 18-3 所示案例。

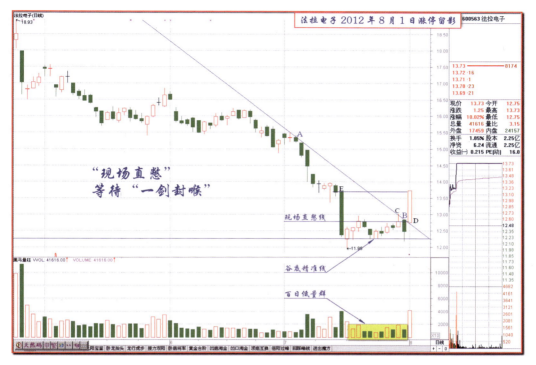

图 18-3 法拉电子 2012 年 8 月 1 日涨停留影

首先,法拉电子在谷底精准线上横盘 12 天,下不穿底,上不过顶,窄幅横盘,憋劲十足。其次,调整期间形成百日低量群,在 C 点已形成向上突破的格局,因为平衡线与斜衡线的交叉点还差两天,所以在 C 点主动回撤,在 B 点缩量洗盘一天,D 点精准触及 AB 斜衡线,逆市涨停。

也许该股主力并不懂得平衡线和斜衡线交叉的重要性,但是他从盘面上能感受到 C 处有压力,B 处有支撑,加上百日低量群的浮力,他仅用一个三倍阳 D 就拉了个涨停板。这就是"现场直憋"与"一剑封喉"相结合的涨停契机。

再看图 18-4 的这个案例。

如图 18-4 所示,该股从 E 点开始"现场直憋",一直"憋"了 9 天,其重心都在 C 线一带。第八天 F 点跳空高开,企图"解憋",但受到 AB 线的压制,顺势回落。C 点再度冲击 AB 线,再次回落,可见 AB 斜衡线的压力很大。该股第十天低开低走,最低点与 E 点形成谷底精准线,凭借谷底精准线的浮力轻松冲过 AB 线,"现场解憋"直冲涨停。

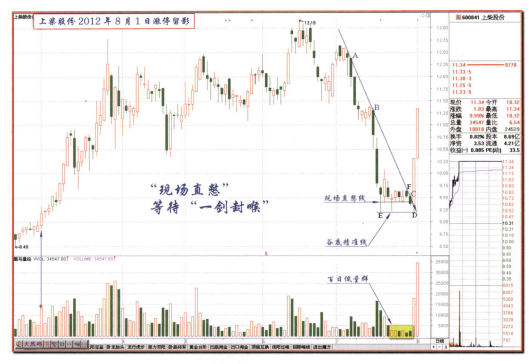

图 18-4　上柴股份 2012 年 8 月 1 日涨停留影

这就是"现场直憋"用时间换空间，让价柱刚好在平衡线与斜衡线的交叉处爆发涨停板。掌握了这个窍门，可以让我们少受"现场直憋"之苦。

第三节　"现场解憋"的介入时机

长期以来，许多投资人的心目中存有一个误区，以为股市上庄家的对手就是散户，其实，一万个散户加起来也不值得庄家青睐。股市上的庄家也有亲家，他们和小品《捐助》中的本山与亲家一样，既有合作关系，也有矛盾关系；他们在某一价位上是合作的，在另一价位上就可能分裂；他们在某一阶段是合作的，在另一阶段又可能分裂。所以，股市上真正的争斗，不是庄家斗散户，而是庄家斗亲家，尽管他们都有"现场直憋"的功夫，当他们任意一方"憋不住"的时候，"现场直憋"就要破裂，就要"现场解憋"，一气冲天。

据学员反映，"现场直憋"的股票好找，"现场解憋"的时机难寻。其实，只要掌握了"现场直憋"的形态和特征，"现场解憋"的时机就很好找。从上面的 4

个案例可以发现，"现场解憋"有如下几个关键节点：

第一，在股价第二次突破大阴顶底平衡线处，如图 18-1 的 E 线。

第二，在股价接近平衡线和斜衡线的交叉处，如图 18-3 的 D 点。

第三，在股价跌破"现场直憋底线"的时候，往往会形成"下蹲凹坑"，结合"凹口淘金战术"可以在这里获得不菲的利润。

下面来看图 18-5 所示案例。

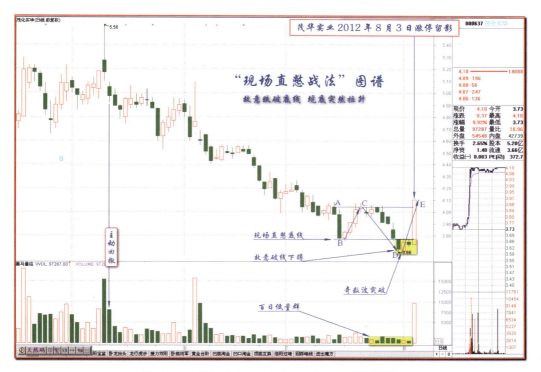

图 18-5　茂华实业 2012 年 8 月 3 日涨停留影

如图 18-5 所示，该股从峰顶主动回撤以来，直到 A 柱，几乎没有胜阳的阴柱。这是顺应大势的"被动直憋"。从 A 柱开始，以 B 柱的实底为底线进行"现场直憋"，一直"憋"了 11 个交易日，本来已经憋得喘不过气来，D 柱竟然低开低走，主动跌破"现场直憋底线"，很多投资人往往经不住这"最后的一憋"。如果我们从百日低量群中发现最后的 3 根量柱逐步缩小，而价柱逐步升高时介入，就能收获一个涨停板。其最佳介入点就是 B 柱的"直憋底线"。

对付"现场直憋"的股票，还有一个"奇数波段介入法"。图 18-5 中的 BC 是第一波，CD 是第二波，DE 是第三波，第一、三、五波就是"奇数波"，在"奇数波"的"阳胜阴处"介入，一般会有不错的收益。

下面来看图18-6这个案例。

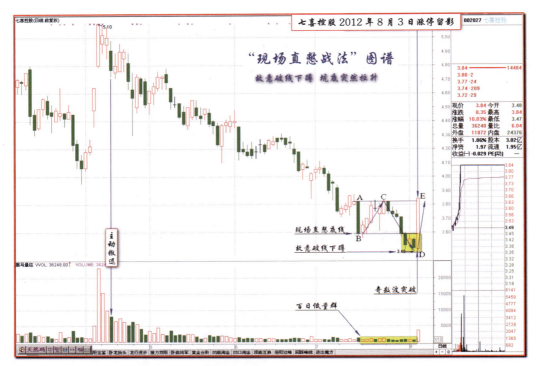

图18-6 七喜控股2012年8月3日涨停留影

如图18-6所示，该股从峰顶主动回撤以来，直到A柱少有阴胜阳的量柱，显然这是顺应大势的"被动直憋"。

但是从A柱开始，长阴短柱紧接百日低量群，即进入"主动直憋"，价柱大幅上下，而量柱却静如止水，波澜不惊。直憋至第11天突然跌破"直憋底线"，连续3日量柱极度缩小形成凹坑，第4天触底精准线上起跳，一根D柱拔地冲天，迅速涨停。该股也是第三波冲击涨停。BC为第一波，CD为第二波，DE为第三波。第三波刚好是"攻守冲防"之"冲锋波"，"奇数效应"再度显现。

根据"凹底淘金战法"，凹底"阳胜阴处"即为最佳介入点，过"直憋底线"处为次佳介入点，"直憋底线"上方任意位置都是欠佳介入点。

总之，"现场直憋"的股票一般有"三步曲"：
一是在顶部有顺应大势的"被动直憋"，特点是长阴短柱长期下跌；
二是在底部有故意整人的"主动直憋"，特点是依托长阴横向直憋；
三是在底部有故意坑人的"挖坑再憋"，特点是百日低量精准筑底。
破解方法是"奇数波段阳胜介入法"+"一剑封喉战法"。

第四节 "现场直憋"的奇数战法

对于"现场直憋"的股票,很多人难以适应。因为它的底部很难找到王牌柱,也很难找到精准线,有的甚至很不规则。这就是"现场直憋"的典型特征。但是,由于"现场直憋"经常发生在底部的"最后一跌",其利润空间就相当可观,那么,怎样才能找到它爆发的契机呢?我们量波理论的"奇数战法"就能很好地把握这个机会。

下面来看图 18-7 所示案例。

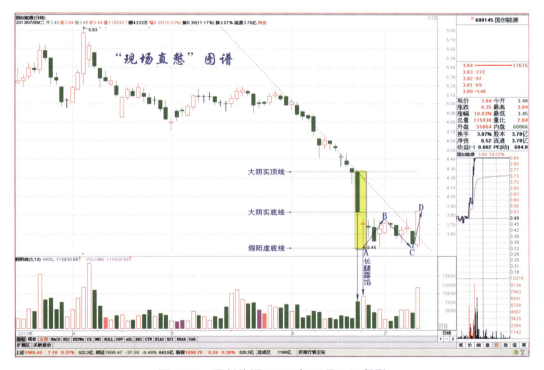

图 18-7 国创能源 2013 年 7 月 9 日留影

在图 18-7 中,跌破整理平台时都是连绵的小阴,在连续下跌 14 天后突然来了一根超级大阴柱,次日再度跳空下跌,收了一个长腿假阳。从图中可以发现,这个大阴柱就是"现场直憋"的序幕,长腿假阳露出了"现场直憋"的意图。然后以这个长腿假阳为标杆,横盘 9 天时间,上不破顶,下不穿底,其间阳多阴少,处处体现出"现场直憋"的特征。那么,我们在什么时候伏击它呢?很简单,就是在"奇数波"突破标杆的时候。

什么是"奇数波"? AB 段是第一波,BC 段是第二波,CD 段是第三波,第一、第三波即是"奇数波",根据"攻守冲防"四步曲,第三波是"冲锋波",我们就可以在第三波过 A 柱实顶时伏击。

再看图 18-8 这个案例。

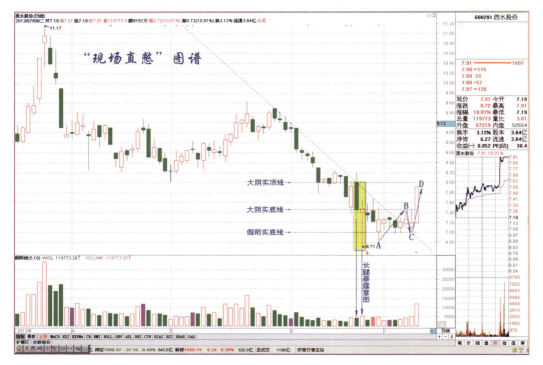

图 18-8　西水股份 2013 年 7 月 9 日留影

如图 18-8 所示,该股连续下跌 15 天后突然来了一根特大阴柱,但是其对应的却是矮小的阴柱,次日低开高走长腿收上来,暴露了其"现场直憋"的意图。然后以长腿假阳为标杆,进行了为期 9 天的横盘直憋,其间阳多阴少,却是上不破顶,下不穿底,第 10 天突然昂头向上而去。如果我们掌握了"奇数战法",就可以在 BC 段过长腿假阳实顶处设伏。

以上两例都是第三波上攻,有的庄家特别能整人,他在第三波不冲锋,而在第五波冲锋,这就要考验我们的眼光了。

再来看图 18-9。

图 18-9 的股票连续下跌 11 天后突然来了一根大阴柱,长阴短柱,接着又是跳空下跌,收了一根长腿,这个长腿露出了"现场直憋"的尾巴。以这个长腿为标杆,进行了为期 9 天的横盘直憋。第一、第三波两次冲过长腿实顶却不过其虚顶回落,但是 A、C、E 这 3 个底逐步抬高,暗示将要发起冲锋了。第五波果然跳空过长腿实顶,逆市涨停。

第18章 伏击涨停的契机——现场直憋战法

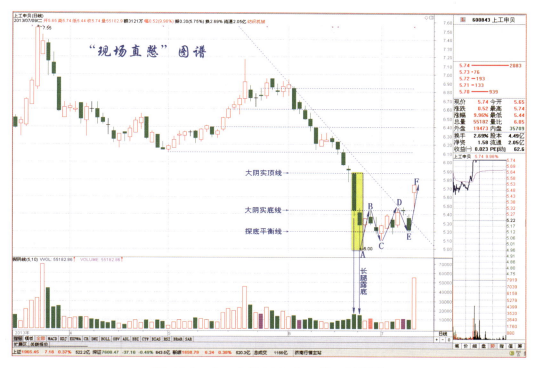

图18-9 上工申贝2013年7月9日留影

对于以上案例，如果你感觉不过瘾的话，还可以观察如下10只股票（2013年7月9日）：明泰铝业、天宸股份、民生投资、如意集团、中国医药、福建金森、路翔股份、万里扬、赛象科技、津滨发展。

从上述案例可以总结出如下几个要点：

第一，看价柱。连续下跌多日后突然长阴短柱大跌，这是"现场直憋"的序幕；

第二，看真假。长阴短柱后突然出现长腿探底回升，这是"现场直憋"的标杆；

第三，看量柱。长腿探底后连续缩量却无王牌柱子，这是"现场直憋"的主角；

第四，看阴阳。现场直憋时阳多阴少却上下不破线，这是"现场直憋"的标志；

第五，看波形。现场直憋时其攻守冲防四步曲残缺，这是"现场直憋"的契机。

无论多么狡猾的庄家或主力，操盘过程中总会留下蛛丝马迹。只要我们善于观察、善于推测，就一定能找到伏击的良机。

第19章
伏击涨停的灵魂
——乐道而忘我

前面十八章的内容基本上是从量柱入门到量线入门、从个股战法到大盘战法、从庄家分析到基因分析的一个完整系统,而统帅这个系统的"灵魂"就是伏击涨停的"目的"。

笔者曾问过许多人:你伏击涨停的目的是什么?大多答曰:为了赚钱!哦?如果仅仅为了赚钱而伏击涨停,你将永远赚不到钱。我们提倡的"伏击涨停"是一种训练方法,是通过"伏击涨停"的手段去寻找"制造涨停的人",去享受"伏击涨停的乐趣"。

孔子曰:"知之者不如好之者,好之者不如乐之者。"说穿了,我们的"伏击涨停"不是为了"赚钱",而是为了找"乐趣",是在人人提心吊胆的股票市场找到一片属于你的"乐土"。这就是伏击涨停的"灵魂"。有了这个"灵魂",我们伏击涨停的方法与技能才有生命的活力。

怎样才能找到这种"乐趣"呢?

第一节 与强为伍,追求最高目标

大家知道,无论做什么事都应该有一个目标。高尔基说过:"一个人追求的目标越高,他的才力就发展得越快,对社会就越有益。"古今中外的许多名人志士都是在远大目标的激励下走向成功的。我们提倡的"伏击涨停"就是以"涨停"的最高标准来要求自己、鞭策自己、锻炼自己,以迅速提高自己的才力。从这个意义上讲,"伏击涨停"等于"追求高远",等于"与强者为伍"。与强者为伍的人,自然就是强者。

股市的强者是什么样的?股市上有一个不争的事实:即使大盘很糟糕,其中也有涨停或接近涨停的股票。例如2012年7月9日周一,大盘大跌52点,创半年来新低,人大特训班的"海浪"同学两天前伏击的"百润股份",两天后逆市涨停(见图 19-1)。

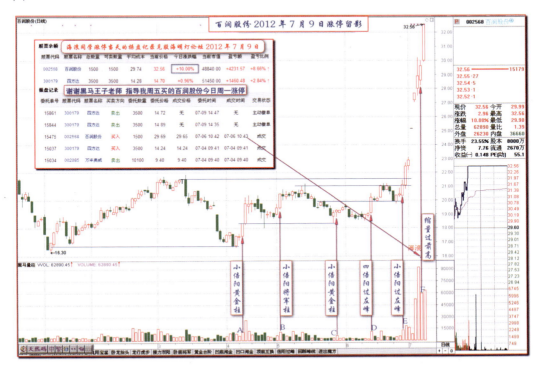

图 19-1 百润股份 2012 年 7 月 9 日涨停留影

用我们前面学过的知识来看,图 19-1 至少有 7 个切入点,"海浪"同学为什么敢于在 7 月 6 日伏击?就因为前面 5 个伏击点看不出这个庄家的强悍,第 6 个伏击点却没有机会,第 7 个伏击点 F 提供了"缩量创新高"的机会,同时也充分展露了他弱市下的强者风范。跟着强者走,当然你就是强者了。

在最低迷、最糟糕的行情下最好发现强者。全球最黑暗、最糟糕的行情发生在 2011 年 8 月 8 日,受美债、欧债和美国信用评级下调等重磅利空影响,全球股市一片狼藉,A 股早盘大跌 120 多点,两市共有 70 多只股票跌停,而"中超电缆"却能一花独放,开盘 15 分钟内即封死涨停,显然这是强庄的表演。同样是 8 月 8 日黑色星期一,有一只股票也很强劲,不要看它午盘没有涨停,我看它比中超电缆更强健。

下面来看它上午的走势图(见图 19-2)。

图 19-2 是一只房地产股,从政策面看,它是受政策打压的重灾区;从基本面看,它的流通盘 3.43 亿,市盈率 300 多倍,一般人都不会看中它。但是它从 7 月 1 日(A 点)高倍量起步,次日(B 点)回踩黄金十字架后,"缩量过左峰",我们以"回踩十字架"和"缩量创新高"的涨停基因预报了它,此后它一直涨不停,中途还收获了

两个涨停板，至 8 月 8 日涨幅已高达 140%。8 月 8 日这天，虽然受美国信用评级下调影响，全球股市大跌，A 股早盘下挫 120 多点，该股却逆市冲击涨停，虽然午盘回落，但也报收 6.71%，我午盘预测它收盘必然要涨停，实盘验证：8 月 8 日两市共 3 只股票涨停，多伦股份位居涨幅榜第一名。

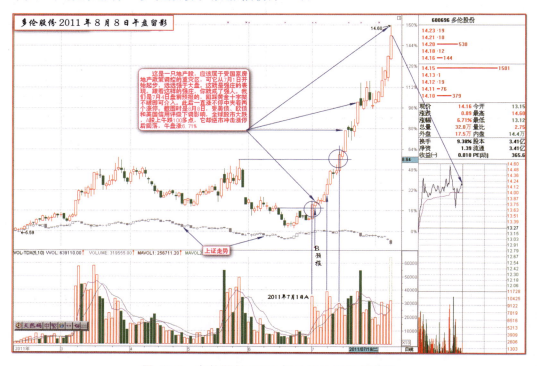

图 19-2　多伦股份 2011 年 8 月 8 日午盘留影

强势股票后面的人就是强者。请看图中叠加的上证走势，上证指数一直匍匐在地，而多伦股份却逆市大涨，直冲云霄。我们是 2011 年 7 月 4 日预报的它。因为 7 月 4 日的"回踩十字架"和"缩量创新高"就是两个重要基因，跟着这样的强庄，你就是强人。一旦跟上这样的强庄，无论大势如何糟糕，你都能稳定获利。所以说，追求最高目标，就是追求与强者为伍。与强者为伍，你就成了强者。

第二节　取法其上，追求最好技术

"奋斗目标"与"达成目标"往往是有距离的。孔子说："取乎其上，得乎其中；取乎其中，得乎其下；取乎其下，则无所得矣。"这就是说："当你追求最高目标时，可能只会实现中级目标；当你追求中级目标时，可能只能实现下级目标；当你追求下级目标时，可能什么也实现不了。"所以，我们提倡的"伏击涨停"就是用"最好的技术"去"伏击涨不停"，以迅速提高自己的能力。从这个意义上讲，"伏击涨停"等于"追求涨不停"。

我们对"中国化学"的两次伏击也许能说明这个问题。下面来看图 19-3。

图 19-3　中国化学 2011 年 6 月 28 日午盘留影

图 19-3 左边的 A 点是我们 2011 年 1 月 21 日预报点；

图 19-3 右边的 B 点是我们 2011 年 6 月 7 日的预报点。

两次预报都用了同一个涨停基因"凹底倍量阳胜阴"（价柱在上，为阳盖阴；量柱在下，为阳过阴；上下双向阳过阴，为阳胜阴），两处的凹口形态几乎一模一样，手法几乎一模一样，可见这是同一庄家所为。B 点的预报多两个重要因素，这就是"百日低量群＋底部三平阳"。看懂了股票后面的人，你就看懂了股票的未来。A 点是预报后第三天涨停，然后一直涨不停；B 点预报后，没有一个涨停，但它就是涨不停。两次的上涨轨迹和上涨斜率几乎一模一样，两次的上涨幅度也几乎一模一样，其走势都远远强于大盘（图中浅灰色 K 线即大盘同期走势）。由此可见，"取乎其上，得乎其中"，大有好处。

第三节　悟道忘我，追求最佳境界

拿破仑说过："不想当将军的士兵，不是好士兵。"我们套用这句话说："不想抓涨停的股民，不是好股民。"我们提倡的"伏击涨停"是一种理念，是一种向往，是一种追求。

所谓"最佳境界"，就是不要因抓到涨停而沾沾自喜，也不要因未能抓获涨停而郁郁寡欢。要反向思维，从胜利中找到失败的影子，从失败中找到成功的阶梯。要摆正心态，平平常常地对待涨停，扎扎实实地学习技术，总有一天，你能走向成功，到达胜利的彼岸。这就需要不断提高你的心力。从这个意义上讲，"伏击涨停"就是"提高境界"的训练。

境界的提高是一个复杂而简单的过程。说它复杂，是因为它有许多训练项目，从心态到技能，从方法到技巧，一生二、二生三、三生万物；说它简单，是因为它万法归宗，九九归一，一个字就能让你成功，这个字就是"悟"。"悟"有5种境界：

一是领悟，就是入门，属于新手；

二是渐悟，就是入堂，属于好手；

三是参悟，就是入室，属于能手；

四是顿悟，就是入道，属于高手；

五是觉悟，就是入化，属于圣手。

一旦进入顿悟，你就厉害了，可以见股识人，可以见招拆招，可以见一知二，可以见形识庄。《量线捉涨停》第41讲有详细例子，大家可以参考。

以上"伏击涨停"的3个目的是互相关联、互相促进的。你有好的愿望，没有好的方法不行；你有好的方法，没有好的境界也不行；你有好的境界，没有好的方法和行动还是不行。我们称之为"三维互动，循序渐进"。

怎样才能进入伏击涨停的最佳境界呢？我自己有一个很深的体会。

事情发生在美国信用下调、全球股市大跌的那个8月8日黑色星期一，A股单边下跌120多点，就在这满目惨绿、哀鸿遍野的日子，我们的预报和实战业绩是：

盘前点评的"中超电缆"一枝独秀，早盘封死涨停；

盘前预报的"多伦股份"急起直追，午后封死涨停；

当晚预报的"正和股份"次日扬威，早盘低开高走，笔者在它冲过5.95元平

第 19 章 伏击涨停的灵魂——乐道而忘我

衡线时大胆介入，直到 6.06 元才得手，当天该股涨停，王子老师收获了半个涨停。当晚（8 月 9 日）股海明灯论坛公布了王子老师擒拿"正和股份"的信息。他为什么要介入正和股份呢？来看图 19-4。

图 19-4 正和股份 2011 年 8 月 8 日留影

图 19-4 是该股 8 月 8 日的走势图。8 月 8 日全球黑色星期一，该股却能逆市逞强，这引起了王子老师的极大兴趣。仔细一看，"悟"出如下要素：

第一，看 E 到 F 的价柱，它有长达 47 天的"长阴短柱洗盘"，这里是吸筹；

第二，看 E 到 F 的量柱，它是长阴短柱加"百日低量探底"，显然在筑底；

第三，看 A 和 C，它用"长腿回踩谷底"精准线，这里是"最后一蹲"；

第四，看 J 和 K，它有"卧底将军挂帅"，这里准备启程；

第五，看 M 柱，它在黑色星期一"逆市大阳"，这里显示了底气；

第六，看 L 线，它在 5.95 元"精准收盘"，显示它收放自如，必展宏图。

可见，这个庄家有勇有谋，有胆有识，控盘良好，大有前途。显然这是一个值得跟踪的强者。于是，笔者准备在它过 L 线的 5.95 元时介入，可惜它过峰时拉升太快，笔者在 6.06 元才买到它，该股当天涨停，笔者吃了半个涨停。

当晚，王子老师在股海明灯论坛上公布了擒拿该股的消息。谁知次日（8 月 9 日）该股开盘即跌停，吓得直冒冷汗。难道是王子老师前面的研判错了？不会吧。这么多涨停基因叠加组合，即使不能涨停，也应该大涨5点以上呀。就在王子老师反思的时候，该股逐步攀升，震荡向上，午时收盘前，竟然封死涨停板。一小时内大涨20点，创造了A股市场的又一个奇迹！

下面来看图19-5。

图19-5　正和股份2011年8月10日收盘留影

后来，王子老师在股海明灯论坛上看到学员的讨论才知道，这是一只地产股，是当前政策重点打压的对象，它的流通盘有12个亿，市盈率接近300倍，应该是世人唾弃的一只股票。而王子老师当时选它买它时，"物我皆忘"，满眼看到的只有涨停基因和涨停密码，眼睛里只有制造涨停的人，一个字，强！

感觉：当我们进入"物我皆忘"的境界时，就进入了伏击涨停的最佳境界。无论它是什么信用降级、二次探底，还是黑色周一，你的眼睛里只有制造涨停的基因，只有制造涨停的强者！你尽管盯着强者，傍着强者，把自己融入强者的队伍，你就是强者。

启发：说到底，我们的"伏击涨停"只是手段，"提高自我"才是目的。我们的"伏击涨停"就是从规律和方法入手，从涨停基因和涨停密码入手，剖析股票后面的人的实力和动机，在"发现强者、学习强者、融入强者"的过程中，把自己锻炼成强者，踩着强者的肩膀去创造我们的成功！

综述：只有通过伏击涨停的训练，运用伏击涨停的方法和技巧，提高我们的眼光和境界，提升我们的秉性和才华，把"伏击涨停"变成"参与涨停"，我们才能真正赚到钱。从这个意义上讲，我们不是在"赚钱"，而是在"赚人"，我们不是在做"股票"，而是在做股票后面的"强者"。

让我们紧跟强者吧，你一定能体味到做强者的无穷乐趣。

第20章
伏击涨停的眼力
——股市掘宝机

本章是讲"规律运用"的,原来放在第7章,和"眼光"并列。后来发现,许多读者在没有掌握一定量学知识之前,很难懂得什么是规律,更难发现规律,所以把它移到最后,作为综合运用规律的示范。从本章开始,王子老师将和读者一起把前面学过的知识综合起来,将它们融会贯通,提高眼力,开启发现规律、运用规律的实践过程。

"眼力"是什么?就是"眼光的力度",它来自见识和感悟、胸襟和气度、发现和分析、底蕴和能力。

眼睛看得见的叫视力,眼睛看得透的才叫眼力。通过视力看得见的东西,你看得见,别人也看得见;而通过眼力看得见的东西,就只有你一个人看得见,别人看不见。缺少力度的眼光,必然会"视而不见"或"熟视无睹"。

好的"眼力"必须具备从"静态分析"到"动态分析"再到"规律分析"的能力,必须经过从"表象"到"本质"再到"规律"的飞跃。

如何实现眼力的逐级飞跃呢?下面主要讲3种方法。

第一节 提高眼光的效力(静态分析法)

眼力的基础是发现研究对象。"量柱七因子"的识别是量学分析的基础。

前面讲过,纵观股票的走势图,量柱的形态可谓形态万千,要想一一识别,比海底捞针还要困难。但是,如果我们换一种眼光,用科学的眼光来看,这些无序的量柱却是井然有序的。

什么是科学的方法?科学的方法就是用"最明显"和"最重要"这两个标准来

第 20 章　伏击涨停的眼力——股市掘宝机

衡量，用"左推法"就近对比，这样一来，量柱便只有"高低平倍梯缩金"这 7 种形态。现在我们来检验一下大家的眼光，请看图 20-1。

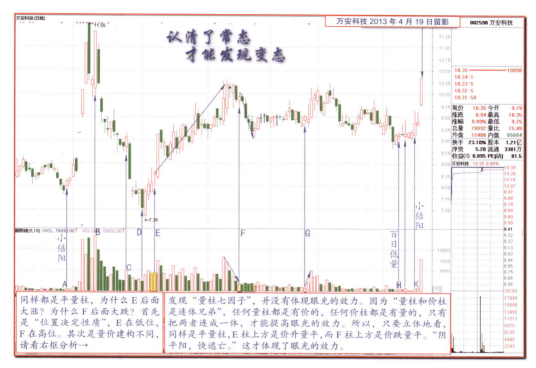

图 20-1　万安科技 2013 年 4 月 19 日留影

用"左推法就近比较"，量柱的 7 种形态很好辨认。B 是高量柱，D 是低量柱，E 是平量柱，A 是倍量柱，G 的后面是梯量柱，F 的前面是缩量柱。

但是，同样是平量柱的 E 柱后面大涨，而 F 柱后面为什么大跌呢？

由此可见，仅仅发现"量柱七因子"，并没有体现眼光的效力。因为"量柱和价柱是连体兄弟"，任何量柱都是有价的，任何价柱都是有量的，只有把这两个兄弟连成一体来看，才能真正提高眼光的效力。所以，量学的眼光要求立体看盘，一看到量柱就要联想到其对应的价柱；同样，一看到价柱就要联想到其对应的量柱。只要立体地看，同样是平量柱，E 柱上方是价升量平，而 F 柱上方是价跌量平。"阴平阳，快逃亡。"这才体现了眼光的效力。

传统技术看盘一般都是平面的，量学技术看盘是立体的。"立体看盘法"是量学的一大发明，它扩大了眼光的视野，强化了量价的统一，提高了眼光的效力，是量学爱好者必须掌握的绝活。有些同学看不懂涨停基因，根本原因就是受传统技法局限，只见价柱不见量柱，只见树木不见森林。而量学看盘既要求看到树木，还要求看到树木生长的土壤和树木生长的根系。

现在，我们用"立体看盘法"来看图20-2。

图20-2　天原集团2013年3月29日收盘留影

常态情况下，量价是对立统一体。它有如下3种表现形式：

第一，整体比例基本协调，起伏和谐，量价平衡；

第二，量价比例基本协调，涨跌和谐，长短平衡；

第三，相临比例基本协调，高低和谐，邻居平衡。

总之，大家和谐相处，平衡发展，就是常态；否则，突然发生变异，忽高忽低，忽长忽短，上下失调，一旦打破了"协调"，就是变态了。

A柱和B柱：长阳矮柱，价大量小，一般示涨；

C柱和D柱：倍阳过峰，价升量跟，一般示涨；

E柱和F柱：高位高量，体力透支，一般示跌。

但E柱右侧长阴短柱洗盘日后中到大阳。这就是眼光的效力。它建立在向左对比、立体对比、科学对比的基础上。

为什么一定要用"左推法"来"就近对比"呢？因为我们研判行情时，右边的行情根本没有出现，我们只能"向左看"，我们的任务就是通过已经存在的走势去预测将要出现的走势。如果不是"就近对比",高低平倍就毫无标准,我们的眼光就茫无边际,我们的研判就失去了意义。

从常态中看到变态,从变态中看到机会。这就是量学看盘的第一个要求。

第二节 提升眼光的活力(动态分析法)

活力就是动力,动力暗示动向,动向必有动作。如果我们单纯从成交量的角度看量柱,是无法看出量柱背后的人为动作的;如果我们用"三先规律"的眼光来看量柱,我们的眼光就又提升了一个层次,就会发现量柱里蕴藏着无穷无尽的主力动作。我们所看到的量柱,再也不是单纯的"成交量的形态",而是"**多空争斗的暂时平衡标志**",它既是买卖双方"**斗智斗勇的杰作**",又是"**量价矛盾斗争的载体**",更是"**有生命、有灵性的股市精灵**"。

四川人民出版社出版的《量柱擒涨停》一书中对量柱是这样看的:

高量柱:欲望与走向的温度计;通常暗示下跌,反常则继续高涨。

低量柱:底线与底气的温度计;通常暗示上涨,反常则遇涨又跌。

平量柱:蓄势与爆发的温度计;通常暗示大涨,反常则小涨再跌。

倍量柱:实力与雄心的温度计;通常暗示大涨,反常则小涨回落。

梯量柱:谋攻与谋逃的温度计;通常逐步走弱,反常则逐步走强。

缩量柱:价位与人气的温度计;通常逐步走强,反常则逐步走弱。

黄金柱:牛股与黑马的温度计;通常逐步走强,反常则逐步走弱。

怎么样?这就把量柱看活了。不一样的眼光,就有不一样的感悟;不一样的感悟,就有不一样的见识;不一样的见识,就有不一样的活力。这就是有的人能够伏击涨停,有的人却伏击不了涨停的根本原因。

用"三先规律"的眼光来看量柱,还会产生一个飞跃和突变,你会发现一些过去不曾发现的异常量柱。例如有些"常态"的量柱,在特殊时段却发生了"变异",异化为另一种量柱,有的甚至"身兼数职",让你不知道它到底是什么柱,让你不知道它后面到底应该向哪个方向发展。这种变态量柱的出现,往往就是上涨或下跌的先兆,往往就有中到大阳或中到大阴。

下面来看图 20-3。

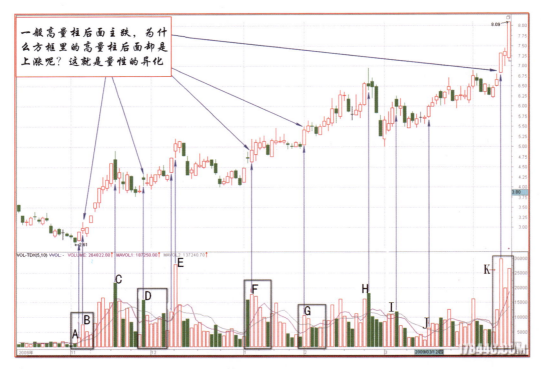

图 20-3 某股票的留影

图 20-3 中 5 个方框里的高量柱，既是这种柱又是那种柱，让你难以捉摸。这种变异的量柱常常出人意料，其后的常规走势都发生了背离，该上它却下，该下它却上。这就是我们常说的"该上不上必下，该下不下必上"。

先看 B 柱，它本身是"高量柱"，可是和 A 柱相比，它又成了"倍量柱"，而且还是"梯量柱"的顶部。高量柱或梯量柱的顶部应该是某一波段见顶的标志（如 C 柱、E 柱、H 柱、I 柱），它应该向下走，这里却向上走了。

再看 D 柱，D 是"倍量柱"，同时它又是当前波段的"高量柱"，高量柱后的走势应该向下，但是由于 D 柱"身兼数职"，其身份变了，它所对应的股价极速向上升。

再看 F 柱，F 是"梯量顶柱"，同时它又是当前波段的"高量柱"。"梯量顶柱"为"高量柱"时，往往是强弩之末，应该走下坡路了，可是 F 柱右侧对应的股价却极速向上升。

再看 G、K 柱，它们是"倍量柱"兼"高量柱"，高量柱后应该跌，它们却使劲涨。

上述例子说明，"身兼数职"的变异量柱有一个重要特点，它后面的走势往往也是变态的，和它最明显的身份所应有的走势背道而驰。

第 20 章　伏击涨停的眼力——股市掘宝机

这就给了我们一个暗示：只要发现身兼数职的变态柱，就有提前发现其相反走势的可能。

在现实生活中，"变态"是一个贬义词，如果有人"变态"了，就不是好事情；但是在量柱科学里，"变态"却是一个褒义词，如果发现某根量柱"变态"了，就是好事情。

下面来看图 20-4 的这个案例。

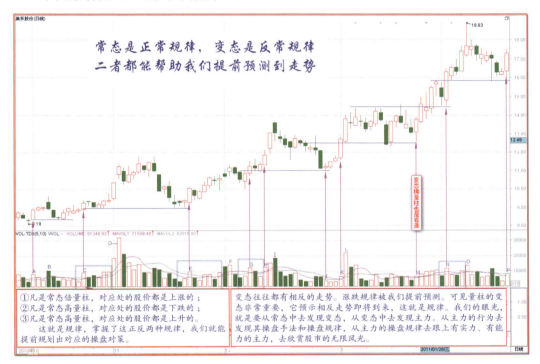

图 20-4　巢东股份 2011 年 2 月 25 日留影

现在大家来做一个现场试验。我们先不管它是什么股票，只看图形，用前面讲过的标准和方法对量柱进行动向分析，分析其后走势。

A 是什么柱？倍量柱！对！其后走势应该上涨。

B 是什么柱？高量柱！对！其后走势应该下跌。

C 是什么柱？倍量柱，又是高量柱，对！这家伙有点变态。其后走势不跌而横，3 天后大幅向上。

D 是什么柱？高量柱！对！其后走势该跌，横盘后果然大跌。

E 是什么柱？倍量柱，梯量柱，又是高量柱！哈！这家伙变态三重奏。其后走势横盘两天即向上。

F是什么柱？高量柱！对！其后该跌就跌。

G是什么柱？倍量柱，梯量柱，又是高量柱！对，这家伙继续变态。其后走势横盘两天即大幅向上。

H是什么柱？倍量柱！对！其对应的走势是什么？上升！对！

I是什么柱？高量柱！对！其对应的走势是什么？下降！对！

……

你看，变态柱后往往都有相反的走势出现。涨跌规律在这里被我们的量柱提前预测得一目了然，十拿九稳。

由此可见，"量柱的变态"非常重要，它往往暗示着相反的走势即将到来。正是从这个意义上讲，股市是可以预测的，我们对量柱的研判，就是要在"常态"中发现"变态"，从"变态"中发现"主力"，从"主力"行为去发现其操盘手法和操盘"规律"，从主力的操盘"规律"去跟上有实力、有能力的主力，去欣赏股市的无限风光。

每次讲到这里，总有学员鼓掌。甚至有学员当场站起来欢呼，你听他说什么？他说："王子老师，我找到炒股的窍门了，今后专门找变态的股票！"

哈哈！我说，你不要高兴得太早了。"变态"的没有"变性"的好。

你猜他说什么？他说："那好哇！我今后专门找变性的股票！"

我说，变性的股票没有变级的股票好哦！

他说："那我今后就把变态的、变性的、变级的股票，全部伏击。"

这位学员的想法很好，但是，要想把变态的、变性的、变级的股票统统学会，不是那么容易的事。你还必须提振眼光的潜力，去发现股市运行的规律。否则，变态的、变性的、变级的股票，就算都站到你面前，你也看不见它们。

第三节　提振眼光的潜力（规律分析法）

世界最新心理学研究发现：人脑资源仅被利用了千分之一左右；如果稍加指点和训练，只要再调动人脑潜能的千分之一左右，这个人将拥有几个人的智力和才华。

《量柱擒涨停》中讲过，量柱分析包括"识量柱→辨量性→定量级"的过程。我们前面的讲授就是帮助大家完成这个过程。而这个过程只是基础，最高的层次是向规律过渡,即通过"识量柱→辨量性→定量级"训练进入"找规律"的境界。怎样才能"找到规律"呢?

现在,考验"眼力"的时候到了。大家发现一个规律没有?

凡是常态倍量柱后面的股价,都是上升的;

凡是常态梯量柱后面的股价,都是下降的;

凡是常态高量柱后面的股价,都是下降的;

凡是变态高量柱后面的股价,都是上升的。

好!如果你发现了这个规律,就能提前规划自己的操盘策略。现在,大家再回头来看前面讲解过的案例(见图20-5),那就是另外一种股市风情了。

图20-5　庞大集团2012年2月29日收盘留影

它的"双阴洗盘"非常成功。最近的一次发生在F1处,但是,在其左侧的A、B、C、E这4根倍量柱的后面,各有一次"双阴洗盘"(A1、B1、C1、E1),每次都是缩量不破黄金线。**其中,B、C、E都是高量柱后走势向上变态。**

由此可见,这里的操盘是一个庄家所为,因为其手法一致,幅度一致,节奏相似,非常隐蔽,非常阴险,非常规律。只要我们看懂了量柱和价柱背后隐藏的庄家,就找到了这个庄家的操盘规律和惯用手法,当他再次"双阴洗盘"的时候,我们就能像警察抓小偷那样，在小偷出手的第一时间提前逮住他。

在此之前，当笔者举例说明在 D 柱和 F 柱两次伏击这个小偷时，学员们都感到神奇；现在再来看呢，一点也不神奇了吧？这就是规律分析的魅力。掌握了规律分析的方法，每个人都能创造神奇。

下面再看一只股票（见图 20-6），以检验"规律分析"的能力。

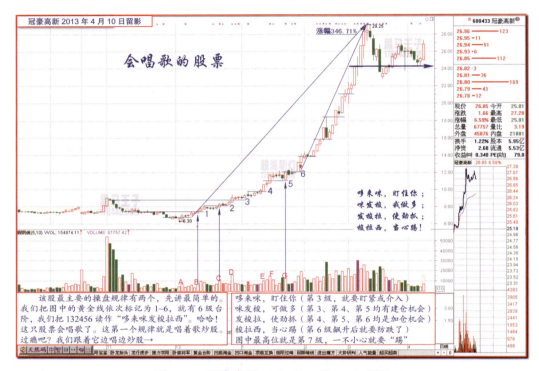

图 20-6　冠豪高新 2013 年 4 月 10 日留影

这是 2013 年 4 月 10 日给《红周刊》讲课前的留影。当时这只股票从 6.3 元涨到了 29.25 元，涨幅高达 346.71%。王子为什么要点评这只股票？其中有什么规律呢？

提示一：该股最重要的特征是什么？

提示二：该股最重要的变态柱是谁？

提示三：该股最主要的操盘规律是什么？

答案一：该股最重要的特征是"顶底互换"（从 A 到 G 都是）。

答案二：该股最重要的变态柱是"高量柱"。

答案三：该股最主要的操盘规律有两个，先讲一个最简单的。我们把图中的黄金线依次标记为 1、2、3、4、5、6，就有 6 级台阶，我们把 123456 读作"哆来咪发唆拉"，哈哈！你看，这只股票会唱歌。我们可以跟着它唱：

哆来咪，盯住你（第 3 级，就要盯紧或介入）；

咪发唆，可做多（第 3、第 4、第 5 均有建仓机会）；

发唆拉，使劲抓（第 4、第 5、第 6 均是加仓机会）；

唆拉西，当心踢（第 6 级飙升后就要防跌了）

图中最高位就是第 7 级，一不小心就要"踢"。它大跌了 5 天，如果你没有出来，就可能把唱歌赚的银子全给倒出来。所以要在第 7 级"当心踢"！

这里的第一个规律就是唱着歌炒股。有趣吧？

这里的第二个规律更有趣，想知道吗？

请看图 20-7。

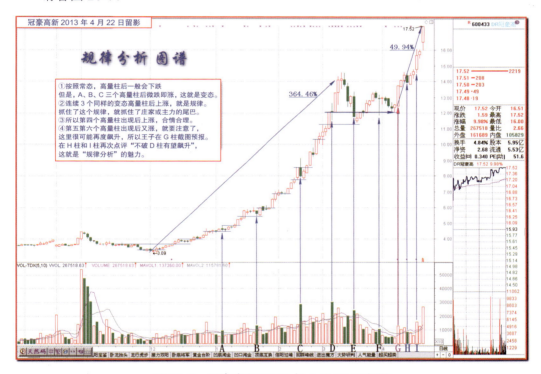

图 20-7　冠豪高新 2013 年 4 月 22 日留影

图 20-7 是冠豪高新前复权的留影，图中数值与图 20-6 有所区别，读图时应稍加注意。为什么说该股最重要的变态柱是高量柱呢？图中 A～G 都是高量柱，按照常态，高量柱后的走势一般会下跌，但是，A、B、C 这 3 个高量柱后都是上涨的，这就是变态。变态的原因很多，这里暂时不予深究，仅从其直观形态和走势上看，A、B、C 连续 3 个同样的变态高量柱后上涨，就是一种操盘规律。抓住了这个规律，就抓住了庄家或主力的尾巴。

所以第四个高量柱 D 后上涨，合情合理。第五、第六个高量柱出现后又涨，就要注意了，这里很可能要再度飙升。

所以王子老师在G柱（2013年4月10日）截图预报，在H柱和I柱再次点评："不破D柱实顶有望飙升。"果然，该股9个交易日涨幅接近50%，涨速和涨幅远远超过前期。这就是"规律分析"的魅力。

说穿了，规律分析就是顺着庄家或主力操盘的轨迹去寻找他的惯用手法，去捕捉他的下一个动作契机。你会发现，我们的伏击涨停和警察抓贼一样刺激而有趣。

简简单单的量柱七因子，通过庄家和主力的排列组合，它既可以演奏出花前月下的小夜曲，又可以演奏出大江东去的咏叹调，还可以演奏出打虎上山的交响乐。这是多么美妙动人的七彩乐章呀！看懂了这七彩乐章，我们就能唱着歌炒股了。

第四节　综合实战案例

提高眼光的效力（静态分析法）、提升眼光的活力（动态分析法）、提振眼光的潜力（规律分析法）是一环套一环、一级升一级的，只要我们真正做到位了，我们的眼光就和以前大不一样了。

请看图20-8。

从图20-8走势图中，我们能看出什么？

第一，用静态分析法，看量柱，A、B、C都是黄金柱，形成了3级黄金台阶。第三级台阶如果涨幅过大，往往是要打劫的，我们就可静观了。

第二，用动态分析法，看动向，由于第三级台阶涨幅过大，所以在第三级应该打劫，该股在C2打劫不破C基柱实顶，就上去了，看它能否做出第四级台阶。可是，该股在C3跳空后却又回踩，牺牲了一个元帅柱，并且C4又未破C柱实顶，在D至G之间有3个元帅柱，三元连动，应该连续飙升。

第三，用规律分析法，看规律，A1、B1、C1是高量柱，其后应该下跌，但是，A1、B1、C1都是缩量假跌，并且每次下跌的最低点都没有跌破左侧的基柱（请看图中价柱上面向下的箭头所示），这就是主力操盘的习惯和规律了。有了前面这3次下跌不破基柱的操盘规律，那么，我们就能在C3缩量下跌时预判其可能要在C4的位置（不破C基柱）停下来。

第 20 章　伏击涨停的眼力——股市掘宝机

图 20-8　共达电声 2019 年 12 月 10 日留影

果然，该股在 C4 停止打压，缩量休整一天后，D 柱微增量上攻，此后两天双剑霸天地，派出侦察兵探明了上方的阻力和下方的支撑。至此恰逢周五，我们量学云讲堂的 8 位讲师分别开办了各自的"周末选股练习课"，8 位讲师不约而同地看中了这只股票。理由就是前面的静态分析、动态分析、规律分析让大家看出该股可能要有大动作了。下面，就是针对"选股练习股"的"跟踪三步曲"：

第一步，关注异动：就在 E 柱这天（12 月 2 日周一）集合竞价时，慢牛开启朱永海率先发现了该股异动，他在 12 月 2 日 9:27:34 发出指令"共达电声，竞价异动！"原始指令截图如下：

慢牛开启-朱永海 2019/12/2 9:27:34
共达电声竞价异动

基训班的同学们都知道这个指令的含义，那些做过"周末选股练习"的并且看懂了的学员先后介入此股，当天涨停。第二、第三天缩量调整，等候……

第二步，关注启动：12 月 5 日早盘 10:21:22，朱永海再次发布指令"案例共达电声零号"，指令截图如下：

慢牛开启-朱永海 2019/12/5 10:21:22
案例共达电声零号

201

学员都能看懂上面的指令,"零号"就是"采用零号战法"的简称。有学员在其回调不破人线时介入,当天涨停!

第三步,关注拉升:涨停第二天,即 12 月 6 日早盘 9:42:24,朱永海再次发布指令"共达电声零号过峰",指令截图如下:

凡是看懂了"零号过峰"指令的学员,在回踩不破人线时再度介入或加仓,午后该股开盘即涨停。次日冲高回落,最低点未破昨日二一位,持股待涨。第三天即 12 月 10 日(周二),该股再度涨停。

以上,就是"量学马前炮"的"经典三步曲"。

运用"量学马前炮"的选股策略,王子老师在 2020 年"春节选股练习"中,预选了 8 组股票,每组 3 只,共计 24 只,于 2 月 2 日发表在股海明灯论坛和微信公众号"盘前预报 123"上。这 8 组 24 只节后逆市轮番大涨,截至 2020 年 3 月 18 日统计,公众共录得 106 个涨停板。其中,英科医疗获 7 个涨停板,未名医药获 9 个涨停板,泰达股份第二波获 7 个涨停板,有 100 多万人见证了这次"量学马前炮"的威力。凡用"跟踪三步曲"跟踪这组股票的量友,都取得了可观的收益,如图 20-9 所示。

图 20-9　英科医疗 2020 年 5 月 26 日留影

图中蓝色 6 号处，缩量回踩 5 号实顶，第一轮牛股唱歌，王子老师 2020 年 1 月选了它；图中红色 1 号处，小放量涨停过战略 2 号线，开始第二轮唱歌，王子老师点评；C 柱达到第一目标位，提醒逢高出货，等回到 21 位左右介入；D 柱果然精准回踩 21 位，提醒逢低买入；E 柱过左峰，提醒可能进入主升段，但它不升反降，回踩 E 柱实底不破才拉升；至 F 柱过左峰，第五次顶底互换，进入主升。

有位精通传统理论的量学高手对该股 0123 前后的走势研究了 3 个月，得出结论："量学战略眼光选股，是所有选股技巧中的最高境界！"

震撼心灵的五天四夜

——清华大学"伏击涨停特训班"现场纪实

清华发展研究院培训部

经多名学员强烈推荐，我们聘请黑马王子张得一教授前来讲授量学，实话实说，我们最初是不看好他的。因为我们培训部先后邀请过全国数十名专家学者和高手名人前来讲课，学员的反应都很一般，有的甚至拉帮结派，与讲师唱对台戏。这些学员大多是全国各地来深造的高手，有的甚至是著名机构和基金的操盘手，讲课人若没有超过他们的水平和绝活，他们是绝对不服气的。

自从请到王子老师，培训班的反应超出了我们的想象，讲课效果也超出了学员们的预期。首先是没有拉帮结派的了，和老师唱反调的人也没有了。然后是，学员们的学习面貌焕然一新，学习热情空前高涨，读书看盘研讨成风，每晚都要用王子老师传授的量学眼光复盘到深夜。多数学员学完特训又来复训，有的复训多达五六次。他们都说，听王子老师讲量学，受益匪浅。

为什么会有这么大的变化呢？这其中到底有什么奥秘呢？我们带着这个疑问留意观察，终于找到了答案。

震撼之一：课程结束后，学员不肯走

2013年9月21日至25日，王子老师在清华大学七号院举办的"伏击涨停特训班"顺利结束。当王子老师实盘结束时，全班同学不约而同地站起来鼓掌，久久不肯离去，几乎每个人的眼中都噙着泪花。王子老师再三向大家致礼，每一次致礼就会引起一阵雷动的掌声，经久不息……

课程结束了，可许多学员主动要求留下来继续培训，我们劝大家回家去消化后再来，可他们一步三回头，走了又返回，有些学员甚至大哭起来，王子老师也被感动得老泪纵横，泣不成声……

为什么大家都舍不得离开？短短五天四夜的培训现场，一个个精彩的镜头又重新回到眼前，每个镜头都让我们感触颇深，欣喜和激动一言难尽。如果一定要用一个词来形容量学特训班给我们的印象，就是两个字：**震撼**！

震撼之二：教学相长，后来居上

每次特训班，王子老师除了自己传授伏击涨停的量学理论和量学实践，就是邀请其他学员用自己的实例讲解伏击涨停的过程。这次，王子老师专门邀请了他的得意弟子、股海明灯论坛2012年8月15日—2013年9月15日"伏击涨停预报大赛"的年度冠军和亚军出席了这次特训班，他们利用晚上的休息时间，为大家做了"伏击涨停专题讲座"。阵阵掌声、阵阵欢笑，是大家送给这两位量学新手的最高奖赏。

冠军"蓝马涨停"，男，55岁，他在学习伏击涨停最初的两个月里，成功预报了78个涨停板，成功率高达70%；从2012年8月15日至今，在一年零一个月时间里，他连续预报了928只股票，成功涨停486只，成功率高达51%。其成功模式重在运用"小倍阳＋矮将军＋缩量涨停"，他总结的"涨停三宝"是："价板量缩，后劲不错；价板量平，可以跟进；价板量爆，赶快出逃。"他谦虚地说："主要是连续涨停的牛股帮我获得了冠军，否则我敌不过亚军。"如此谦逊之人，岂有不成功的。

亚军"天语不死鸟"，男，30多岁，学习伏击涨停大约5个月。最近两个月成功预报了73个涨停板，成功率高达64%，因为"伏击涨停预报大赛"采用"成功数×成功率＝绩效分"的方式排名，目前屈居亚军。他的成功模式重在运用"凹底淘金＋卧底将军＋缩量过峰"，他对股市和股票研究颇深，实践经验丰富，讲课结束时，他赋诗一首："横看成岭侧成峰，远近高低绿映红。欲知股山真面目，尽在阴阳量学中。"

二位量学新秀的实战案例讲得格外真切，也非常精彩，经常被热烈的掌声打断。新老学员无不交口称赞："教学相长，后来居上。"王子老师语重心长地作了小结。他说："预报不等于买到，成绩不等于成功。伏击涨停大赛只是训练大家的眼光，要想真正伏击涨停，还有很长的路要走。"

震撼之三：无私奉献，别有洞天

每期特训班都要进行实盘预报涨停竞赛，"狙击涨停"同学就是在连续两期特训班里赛出来的"冠军"，他曾创造了 53 天成功预报 93 个涨停板的纪录，王子老师这次邀请他来特训班做"实盘嘉宾"，他准备得相当充分，用 PPT 将自己预报涨停的具体思路和擒拿牛股的方法技巧毫不保留地和盘托出，无私无藏地展现在大家眼前，新老学员无不赞叹。他的成功窍门就是"假阴真阳，顺手牵羊"，依托量柱画量线，平衡线、斜衡线在他手中简直就是奇迹，他每次都将选中的股票提前画出其涨跌幅度，然后用未来的走势验证自己的预测，并总结出擒拿假阴真阳的"六六法则"，深受学员欢迎。

最令人钦佩的是，对于学员们的任何提问，他都细心解答，并引用王子老师的教材和讲义回答问题。他的房间成了学员们到访的集中地，新老学员排着队向他求教。连续 3 个夜晚，他送走最后一批学员后，还要打电话通知预定来访的学员继续来房间解答他们的问题。大家都说："听'狙击涨停'的讲解，别有洞天。"有几天深夜一二点了，我们班委和王子老师去看望学员们，在走廊外面就能听到宿舍内交流和研讨的声音，并且夹杂着掌声和欢笑。

我们询问了几个学员："咱们特训班的最大特色是什么？"大家都说："无私奉献！"是呀！无私奉献。从王子老师再到各位学长的无私奉献，一代接力一代，就像接力黄金柱，创造了一个又一个股市奇迹。这种无私奉献的精神是特训班的核心竞争力，是王子老师以身作则培育出的"量学精神"。

震撼之四：温故知新，越学越精

这次特训，第二期特训班的老班长是第五次作"实盘嘉宾"，他精明灵活的实盘讲解，不时引发热烈掌声。每当他讲到精妙之处，操盘妙语脱口而出，当掌声响起之后，他却谦虚地说："这不是我的创造，是王子老师第 × 本书第 × 页说的"，接着又是阵阵掌声。

老班长不仅带盘认真、幽默、风趣，而且精益求精。每次听课，他都要总结一些新的感受和新的知识点。这次特训班，他从王子老师的讲课中竟然总结出 18 个新的知识点。他和"狙击涨停"的通力合作，带领全体学员应用王子老师"筛选牛股的五五法则"，从王子老师列出的 10 头雏牛中筛选出 5 头猛牛，即号百控股、歌华有线、光线传媒、潜能恒信、江苏宏宝，创造了一个又一个涨停奇迹。

每当回想起这些情节，我们的心头总是一阵阵震撼。这些震撼在我们的脑海中反复激荡，使我们对"量学特训班"有了特殊的感情。我们深深感受到：王子老师的量学理论和量学实践、学员的成功案例和失败教训，共同筑起了中国特色的量学大厦，它是股海明灯论坛成千上万网友共同创造的奇迹，它一定会耸立于世界股学之林，成为我们为之骄傲的一座丰碑。

长江后浪推前浪，一浪更比一浪高。王子老师的量学理论正在被越来越多的投资人学习和应用。在战争中学会战争，在炒股中学会炒股。感谢学员们给予我们的鼓励和支持，使我们在共同前进的路上结识了越来越多的好朋友，并不断昂扬向上。

祝学员们再接再厉，踊跃创造新的奇迹。

祝特训班越办越好，培养出更多的奇才。

破除迷信 解放思想 天天进步

——在"量学伏击涨停特训班学员演讲周"开幕式上的讲话

黑马王子（张得一）

今天是一个重要的日子。

"量学伏击涨停特训班"的学员们在互联网上组织了一个"量学伏击涨停特训学员演讲周"，要我来做个开场白。我感到莫大的荣幸。

首先感谢股海明灯论坛为我们提供了这么好的培训基地，感谢各位量学讲师为我们提供了这么好的服务，才使得我们的"量学伏击涨停特训班"能够站在巨人的肩膀上取得巨大的成功。

作为一个教书匠，我只是尽了自己"传道授业解惑"的责任和义务，只是把凝聚着中华民族大智大慧的"量价阴阳循环理论"传授给有缘人，大家却给了我如此崇高的荣誉，尊我为"大师"和"导师"，实在受之有愧，同时也感到三生有幸。

"量学伏击涨停特训班"是一个人才辈出、精英璀璨的群体，这里有声名显赫的股场老将，有初出茅庐的股场新兵，有呼风唤雨的机构舵手，还有叱咤风云的私募斗士，更有青出于蓝的股市神童。大家欢聚一堂，切磋技艺，互帮互学，不亦乐乎。我从他们的身上，学到了中华民族自强不息的精神，看到了中国金融走向世界的希望。我从大家身上学到了许多东西。

同学们让我讲几句开场白，我就讲讲自己的学习体会吧。

1. 破除迷信，解放思想

什么是"迷信"？迷信就是专指人对事物的一种痴迷信任状态，也是迷惘的信服、盲目的信服，不理解的也信服。就拿炒股来说吧，前人总结了许多成功的经验和指标，你不管三七二十一拿来就用，这就是迷信。

因为有些指标只是过去的产物，不一定适合今天的市场，你一用就错。还有许多指标只是外国的产物，不一定适合中国的市场，外国人用得好的，中国人不一定能用好。如果你迷信指标，迷信股神，你的思想就被禁锢了。

你用旧的指标来看新的股市，你不吃亏谁吃亏？

你用旧的思想来看新的市场，你不倒霉谁倒霉？

我就是在吃足了亏、倒足了霉之后，潜心研究发明了"量价阴阳循环理论"，因为"阴阳"二字带有神秘色彩，我一直回避使用，今天把它"亮"出来，就是因为破除迷信的需要。

其实，阴阳是世界万事万物的根本组合，炒股的根本出路就是"阳胜进、阴胜出"。

如果我们在股市上进行一次破除迷信、解放思想的运动，结果会怎么样呢？破除迷信、解放思想之后，平凡之人也能创造奇迹。

2011年12月24日，中国人民大学明德教学楼走进了一位身上散发着水泥味道的农民建筑工，他不会使用电脑，更不会使用看盘软件，对于任何技术指标他都一窍不通。5天特训结束后，他说他脑袋像开了天窗，他借用建筑学上支撑和压力的原理，很快理解了特训课程，回家就实战操盘，一周内实盘捉了3个涨停板，26天内居然成功预报了13个涨停。这时，他给自己取了一个非常响亮的网名"高山流水"，用他自己的话说，"我是一个没有满月的最笨的学生"，他能取得如此成绩，靠什么？靠的就是破除迷信，靠的就是解放思想。

和他同时进特训班的，还有一位年过六旬的奇人"龙虎山"，他是一位科研单位的退休干部。用他自己的话说，他是一位久经股场的"亏损专家"，经过5天特训，他"换了一种眼光看股市，换了一种手法做股票"，结果，连续两期荣获特训班涨停预报大赛冠军。

同样一个人，同样一个脑袋，为什么前后判若两人？原因就在于"破除迷信、解放思想"。解放了思想，就解放了思维；解放了思维，就解放了自我；解放了自我，每个人都能创造奇迹。

2. 相信自己，相信量柱

我们的量学特训班越办越受欢迎，越办越有后劲，让许多学员对我产生了一种特殊的感情和盲目的信任，心目中自觉或不自觉地把我当作"大师"，当作"明灯"，当作"恩人"。这就进入了另一种"迷信"。这种迷信不破除，比前一种迷信的危害更大。

我多次在课堂和论坛上讲过：王子老师是人不是神，大家千万不要相信王子老师，要相信自己、相信量柱。因为"量柱"是一种实实在在地存在，它是原生的、真实的、全息的实体；而我们"自己"也是一个实实在在的载体，也是全息的集合。这是股票世界最真实、最无私的两个宝贝，它们是一对翅膀，一旦割裂或舍弃其一，你将寸步难行。

可是有的学员不懂其中道理，一味迷信王子老师，有的甚至不看到王子老师的盘前预报就睡不着觉，这就不好了。这是要吃大亏的。

这里有一个真实的、惨痛的故事，它就发生在2012年5月23日（周三）。特训班有位学员按照他学过的量学原理，于5月18日（周五）成功买到了一只股票，而且是重仓。

第二天（5月21日周一）该股逆市涨停，三倍阳T型封停，显然有望新高。

第三天（5月22日周二）大盘普涨，该股却几乎逆市跌停。这是怎么了？

第四天（5月23日周三）大盘小跌，该股却跳空大跌，差点吞食全部利润。

这种"过山车"式的大喜大悲，的确让人难以承受，恰好该学员次日要出差，他问我该怎么办？现在让我们来看看这只股票（见图1）。

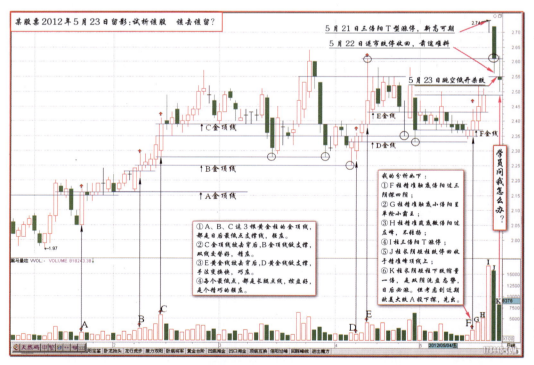

图1　某股票2012年5月23日留影

这是我跟踪的一只股票，从以往画出的量柱量线上看，这是一只非常不错的股票。全屏有A、B、C和D、E、F共6根黄金柱。最有意思的是，左边的A、B、

后记2 破除迷信 解放思想 天天进步

C和右边的D、E、F形成了两组自然的攻防组合。

先看左边A、B、C这3根黄金柱的金顶线，都是日后最低点的支撑线，即"踩着头部"向上行，显然这是个强庄。

再看右侧D、E、F这3根黄金柱的金腰线，都是日后最低点的支撑线，即"踩着腰部"向上行，显然这是个精庄。

令人吃惊的是，右侧的这3根黄金线都是上线被击穿，下线撑着上，即"双线交替"向上行，显然这是个巧庄。

通观全局，这是个精明灵巧的强庄。那么，它为什么要在22日大势向好时逆市跌停呢？

它又为什么要在23日大盘微跌时却要跳空大跌呢？

从形式上看，这22日和23日的两根长阴短柱明显是"双阴洗盘"的动作，但是，当前欧美股市大跌，A股天天向下，该股能独善其身吗？

从内心讲，我认为这是一只好股，值得持有；但是，从当前欧美股市风雨飘摇、国内股市迭创新低的形势上看，当前又不宜恋战。于是，我对这位学员说："这是一只好股，眼下有双阴洗盘的动作，日后可能要创新高，但目前全球股市向下，建议出货。"

"出货建议"发出后，我心里一直忐忑不安。因为从量柱量线的角度来考量，这只股票从F柱开始，连续6根量柱就有6个涨停基因，凡是涨停基因密集呈现时，都是"一朝分娩"的前兆，难道这只股票要逆市腾飞？难道这只股票要创造奇迹……5月23日（周三）的这个晚上，我一直没有睡着。

次日（5月24日周四），大盘跳空低开下行，我松了一口气，心想让他出货是对的了。但是一看该股，我大吃一惊，它却逆市跳空高开上行，看着它踩着精准线开盘，我的脑子嗡地一响，完了，该股要向上升了！

我赶紧打电话给那位同学："糟了！你的那只票不该出啊！"我当时说话的声音都颤抖了，我多么期望对方臭骂我一顿呀！可是，你猜那位学员说什么？"谢谢老师，我没有出。按照您的量学理论，这么好的庄家，这么好的股票，这么好的有底长阴短柱，加精准双阴洗盘，即使大势不好，它也坏不到哪儿去，我怎么会出呢？我还想让它赚几个板呢！"

这时，我的心颤抖了。多么好的学员呀！他这种相信自己，相信量学的科学精神，让我震撼了。在全球股市下滑的最阴暗最痛苦的日子，他能独立思考，用学到的知识逆市拼搏，这是多么宝贵的精神财富呀！

第二天（5月25日周五），在大势再创新低的时候，这只股票真的向上升了，午前逆市涨停，全天封死涨停板。我高兴得热泪盈眶，我为我们的学员感到骄傲，我为我们的学员感到自豪。我为量学特训班能培养出这么优秀的人才而感动得热泪纵横。

想知道他买的是哪只股票吗？请看图2。

图2　国恒铁路2012年5月25日涨停留影

这只股票就是"国恒铁路"。

5月24日（周四），大盘跳空低开下行，它却跳空高开上行，亮出单枪小霸王；

5月25日（周五），大盘平开低走大跌，它却顺势低开涨停，死死封住涨停板。

牛吗？牛！这只股票牛，我们的学员更牛！相信自己、相信量柱的人，你就是牛人！相比之下，我是多么渺小呀！

我在此再一次奉劝那些迷信、崇拜王子老师的人，千万不要再迷信王子了，王子是人不是神！王子永远是市场的学生，是大家的学生。

3. 人人敬业，天天进步

有人常说，炒股是炒心态的，其实这话欺骗了许多人。如果你天天亏损，你的心态能好吗？反之，如果你天天赚钱，你的心态能不好吗？我们炒股只要每天赚一个点，那是什么概念？请看股海明灯论坛版主WEN98老师按每周进步一点点的计算（见表1）。

表1　股市投入产出测算表

投资10 000元	周数	一周1%收益	一周2%收益	一周3%收益	一周4%收益	一周5%收益
1年后	50	16446	26916	43839	71067	114674
2年后	100	27048	72446	192186	505049	1315013
3年后	150	44484	194996	842527	3589227	15079775
4年后	200	73160	524849	3693558	25507498	172925808
5年后	250	120322	1412677	16192212	181273711	1983009375
6年后	300	197885	3802345	70985135	1288254860	22739961286
7年后	350	325447	10234347	311192160	9155219361	260768227179
8年后	400	535241	27546645	1364237182	65063244968	2990333512488
9年后	450	880275	74144219	5980687595	462383879467	34291349880442
10年后	500	1447728	199565691	26218772342	3286015815797	393232618272181

如表1所记：假设你投资1万元，每周只要进步1%，5年后你就有12万元的进步。每周只要进步5%，5年后你就拥有19个亿。如果"天天进步"，那又会是什么效果呢？说一千，道一万，不如立即动手干。干才能进步！干才有收获！干才能尝到"天天进步"的甜头。

"天天进步"四个字，非常重要。但是，它好说不好做。因为有八大难题需要我们解决。

第一，要想天天进步，必须学习强者，必须紧跟强者。孔子曰："取法其上，得乎其中；取法其中，得乎其下；取法其下，则无所得矣。"我们提倡"伏击涨停"不是目的，而是手段，就是想通过"伏击涨停"的学习和实践找到强者，紧跟强者，把自己锻炼成强者。换言之，我们以伏击涨停的高标准去擒获涨不停，不停涨的股票也行啊，比如，你昨天以伏击10个点的标准要求自己，今天只获得5个点好不好？我看每周能有3个点就行了，即使每天只涨一个点，也是天天进步。

第二，要想天天进步，必须勤学苦练，必须超越自我。古人云："操千曲而后晓声，观千剑而后识器。"这就是说，你要弹奏一千首乐曲后，才晓得什么是音乐；你要玩赏一千遍刀剑之后，才懂得什么是兵器。可是我们有些学员，听说"长阴短柱"能赚钱，拿过来就用，结果一用就错，因为它用的是"无底长阴短柱"，不亏才怪！再如"阳胜进、阴胜出"，下降途中的第一个阳胜，能进吗？不能！必须是下降找到底部之后的阳胜，如极阴次阳过阴半才能进。并且，极阴次阳缩量过阴半才是最佳介入时机。如果你不看位置、不看量价关系，看到阳胜就进，那是要吃亏的。

第三，要想天天进步，必须及时总结，必须善于总结。股海明灯论坛的"模拟炒股"程序，是完全模仿股市交易的程序，你可以多注册几个账户，每个账户每天可以做10只股票，3个账户就可以做30只股票，这样一天就能做60次交易，也就是做60次训练。炒股程序自动记录了你的交易过程，供你每天盘后分析成败得失。训练一段时间后，你会发现自己进入了一个新的层次。特训班的学员常说，最近全球股市不好，A股天天跌，可是自己的股票池里却总是红彤彤的，一点也感受不到全球大跌的感觉。这就是进步！

第四，要想天天进步，必须谦虚谨慎，必须以人为师。量学特训班有一条很好的经验，就是"互帮互学，互教互高"。帮助别人就是巩固自己、就是提高自己，把学得的知识教给别人，等于自己又学习了一遍。股市是一条流动的河，我们在河里行舟，必然要遵循"逆水行舟，不进则退"的原则。今天成功了，绝不代表明天也成功；今天失败了，绝不代表明天也失败。有些学员过去取得了较好的成绩，谁也不能保证他永远会出好成绩。反之，有些学员过去亏得很惨，谁也不能断言他永远赢不了。这就是股市辩证法。只有谦虚谨慎、以人为师，才能天天进步。

第五，要想天天进步，必须尊重科学，必须应用科学。有人说，股市没有科学，那是他对科学的误解。在人们的日常生活中，吃饭有没有科学？有。睡觉有没有科学？有。连吃饭睡觉都有科学，那看盘炒股肯定有科学。只要是客观存在的事物，都有其科学规律，关键看我们是否以科学的态度和科学的眼光来探讨。那些成天找"绝招"的人，肯定不会进步。例如，有人用量学小倍阳抓了一个涨停，他就满足了，自以为小倍阳可以包打天下，到处乱用，结果经常失败。因为第一个小倍阳往往是试探，第二个小倍阳往往是试攻，第三个小倍阳才是主攻。你若在试探时进去，主力感觉试探后上方还有阻力，他就会下跌，只有试探到没有阻力了，才会向上。这才是科学的介入。所以，只有尊重科学、应用科学的人，只有按科学规律办事的人，才能到达成功的彼岸。

第六，要想天天进步，必须独立思考，必须独立自主。网络是一个虚拟世界，有些人趁虚而入，拉客的、荐股的，各种信息满天飞，无不是为了从你这里捞点儿银子。大家想过没有，如果一个会炒股的人，弹指就是成千上万的收入，他会在乎这千儿八百的荐股费吗？既然他很在乎，也就说明他不会赚钱。只要有人向你收费荐股，只要有人约你收费进群，他肯定不是什么股市高手。你非要去试，那肯定是自找苦吃。

我们这个世界正在进入大金融时代，西方经济下滑，东方经济崛起，为我们创造了极好的机遇。我们要站在大金融的角度看待股市，看待今天的学习。我们现在有这么好的平台，我们要为平台争光，我们要为自己争光。这就是目标。你尽管朝着这个目标迈进，总有一天，你能实现自己的目标。

我们正在做我们的前人从来没有做过的极其光荣伟大的事业。

我们的目标一定要达到。

我们的目标一定能够达到。

2012 年 5 月 27 日于北京

后记 3
十全大补精气神！

量学问世十周年，正逢 2020 年到来。

2019 年 12 月 31 日中午，我们量学特训班的同学们，在擒牛捉马之余诗兴大发，弹指抒怀，抚今忆昔。字里行间，才华横溢，豪情万丈，胜过王子老师的千言万语。我想借用他们的心声，作为 2020 修订版后记，以飨读者。

陈生《十全大补》

一世心血铸量剑，两袖清风传世间，
三慧御龙戏股海，四大名著润心田，
五线灯塔托明灯，六级音阶登高山，
七个君子把庄识，八大弟子得真传，
九阴真经避凶险，十全大补特训班。

上海许杰《期》

特训复五期，期期复期期；

求知尚未全，岁月辞旧去。
心有不甘处，今夕是何夕；
期待来年春，再听王子声。

江苏黄乔乔《盼》

特训第二期，想上第三期；
上了第三期，还想第四期。
有了第四期，挤上第五期；
上完第五期，又盼第六期。

山东李保龙《特训》
期期复期期，每期强一级；
级级有不同，战略复战局。

安徽江于《传道渡人》
王子量学，股市之根；
传的是道，渡的是人。
期期特训，醍醐灌顶；
既授做股，更传做人。
有生之年，追随祖师；
学股做人，铸就精魂！

山东烟台张金兴《愿望》
黑马王子真神人，量学七字辨假真；
北京面授融身心，二零二零做股神。

田源之光《从此扬眉喜同庆》
深叹张公德艺馨，桃李满园情意深；
含辛茹苦十余载，呕心沥血育新人。
问鼎量学天地清，教学相长除蒙尘；
量辉高照心间暖，从此扬眉喜同庆。

河南郑州赵爽《岁末感怀》
弹指光阴又一年，匆匆过客也茫然。
时常感叹追随晚，偶尔梦呼量学甜。
量柱量线抓涨停，一不小心板板连；
功名看淡凡尘外，好人好股好赚钱。

伦寿《量友频频把钱赢》
红绿量价上下行，神技进退显佳景；
精用量技擒牛马，量友频频把钱赢。
高低平倍梯缩金，峰谷斜衡灯塔明，
自此量学放异彩，缘于王子师生情！

西安张宁《十年》
弹指一挥小十年，王子量学人人羡；
九面金牌担重任，直把量学传人间。
春江水暖鸭先知，股海风云量探之；
一柱一线一黄金，零号战法就是诗。

河南郑州赵爽《精气神》
基训学员精气神，特训班上精气神！
线下线上精气神，男女老少精气神！
九州量友精气神，在家炒股精气神！
漂洋过海飞来的，带回中华精气神！

杭州濮黎明《特训归来》
特训归来思满绪，废寝忘食强复习；
临盘检验量之性，叹服量学真神奇。
擒牛捉马乐翻天，想见恩师再指点；
明年四月才有缘，辗转度日如度年。

龙头密探仲展《敢叫量友获新生》
学艺弹指十年庆，得蒙恩师传天经；
本是股海迷途人，一盏明灯照前程。
有幸记名师门下，心有戚戚常自省；
不负重托千斤担，敢叫量友获新生。

执剑江湖《今朝已悟无我境》
初入股市百万金，豪气万丈叱风云；
中安消里下重金，一朝亏得风卷云。

天幸偶得王子经，北大特训拜将军；
中级班习倚天术，高级班获屠龙韵。
直待收拾旧山河，今朝已悟无我境；
王子大恩不言谢，明日结草献爱心。

弗洛伊哥《不为虚名却有名》

道亦有道非常道，不为虚名却有名；
得一方能生万物，开天辟地铸量魂。
八大弟子传绝技，小散也能把牛擒；
饮水思源代代传，求取真经莫忘恩。

米粒《三曲四招十金诀》

高低平倍梯缩金，顶低平斜合灯精；
王子祖师创量学，普度小散众生情。
一朝有幸入三慧，识得三龙把牛擒；
三曲四招十金诀，从此股海有信心。

朱正袍《一柱一线把牛擒》

王子打开量学门，八大弟子齐上阵；
以身作则传帮带，指柱道线解真经。
班长奉上九金牌，感恩量学献爱心；
学生接过传承棒，一柱一线把牛擒。

2020年1月1日于北京丽春湖